情系农民 党旗红

离不开土地的杜立芝

主编 朱桂林

山东科学技术出版社

·济南·

图书在版编目（CIP）数据

情系农民党旗红：离不开土地的杜立芝 / 朱桂林主编 . -- 济南：山东科学技术出版社，2022.8（2024.3 重印）

ISBN 978-7-5723-1337-0

Ⅰ.①情… Ⅱ.①朱… Ⅲ.①杜立芝—先进事迹 Ⅳ.① D263

中国版本图书馆 CIP 数据核字 (2022) 第 130476 号

情系农民党旗红
——离不开土地的杜立芝

QINGXI NONGMIN DANGQIHONG
——LIBUKAI TUDI DE DULIZHI

责任编辑：陈 昕 张 琳 庞 婕

主管单位：山东出版传媒股份有限公司
出 版 者：山东科学技术出版社
地址：济南市市中区舜耕路 517 号
邮编：250003 电话：（0531）82098088
网址：www.lkj.com.cn
电子邮件：sdkj@sdcbcm.com
发 行 者：山东科学技术出版社
地址：济南市市中区舜耕路 517 号
邮编：250003 电话：（0531）82098067
印 刷 者：山东彩峰印刷股份有限公司
地址：山东省潍坊市潍城经济开发区玉清西街 7887 号
邮编：261031 电话：（0536）8311811

规格：16 开（170 mm×240 mm）
印张：11 字数：70 千
版次：2022 年 8 月第 1 版 印次：2024 年 3 月第 2 次印刷
定价：59.00 元

编委会

主　编　朱桂林

副主编　赵永斌　赵振玉　朱淑慧　杨立元
　　　　董　赞　李宏伟

编　委　杨新胜　杨曙光　崔行飞　张　磊
　　　　秦立忠　任希恒　刘东升　吕兴忠
　　　　高　娜

离不开土地的杜站长

中央电视台农业农村频道
《三农群英汇》

摄影 / 刘伟光

杜立芝个人及工作室所获部分荣誉

1. 全国先进工作者
2. 巾帼文明岗
3. 全国妇女创先争优先进个人
4. 全国三八红旗手
5. 山东省优秀共产党员
6. 齐鲁巾帼十杰
7. 山东省三八红旗集体
8. 山东省农业厅三等功奖励
9. 山东省农村优秀人才
10. 山东省富民兴鲁劳动奖章
11. 神内基金农技推广奖

荣誉

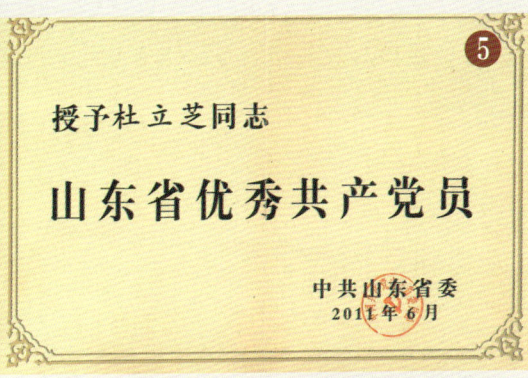

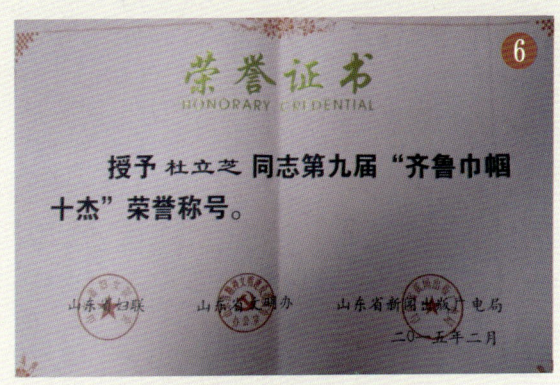

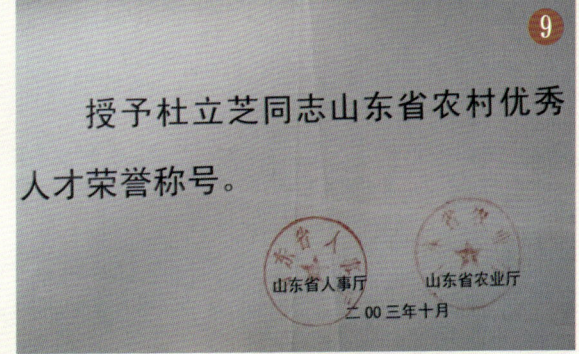

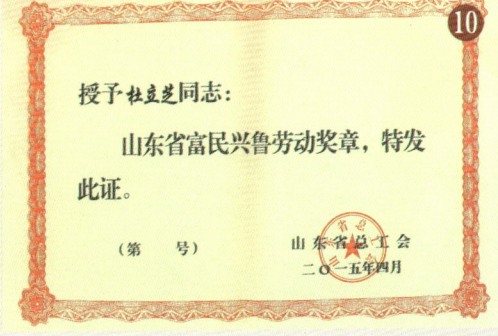

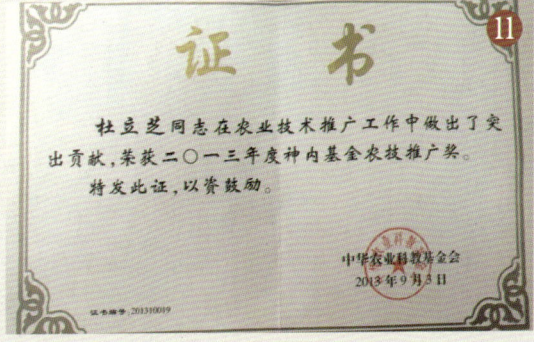

/ 刘伟光

前 言

  这一天上午,固河镇张桃村的韩珍如戴着草帽背着喷雾器走向自己瓜田的时候,突然在不远处的瓜田里看到了一个熟悉的身影,不禁一阵欣喜,随口喊道:"杜站长,到俺的地里去看看吧,俺家的西瓜秧出了点问题……"这位被老百姓像乡邻一样招呼的"杜站长",就是党的十八大、十九大、二十大代表,高唐县"杜立芝党代表工作室"带头人——杜立芝。从农门到校门,再回到农门,她已潜心田畴37年。

  杜立芝,1964年4月出生于高唐县一个普通的农民家庭,1985年9月参加工作。作为党的女儿和农民的女儿,杜立芝对农业、农村、农民怀有特殊的感情,常年奔波在田间地头,倾心服务"三农"事业,用点滴行动践行着一名共产党员的铿锵誓言。靠一心为民、科技惠农的突出贡献,杜立芝先后荣获"全国先进工作者""全国农技推广先进个人""全国最美基层干部""全国创先争优先进个人""全国三八红旗手"等荣誉称号。

  她,是全县党员的楷模,更是全国农业战线的一面旗帜。

高唐县委书记杨新胜说："杜立芝的心和农民在一起，她的坚守源自初心——要做个对父老乡亲有用的人。实干源自真情，她就是老百姓的家人。力量来自团队，杜立芝党代表工作室以及'一百千'团队就是高唐30万农民的'智囊团'。她带着她的团队逆行而上，为急需农技服务的农民雪中送炭；她送'技'下乡，日复一日重复着她的最爱；她把一颗滚烫的心掏出来交给群众，让自己'一团火'尽情燃烧点亮科技惠农'满天星'。知农、惠农、爱农，杜立芝冲锋在前、甘于奉献，用实干谱写人生芳华，引领群众奔跑在乡村振兴追梦路上。"

在高唐县的农田和大棚里，无论地处多么偏远，也无论严寒酷暑，只要种植户需要，便总能见到杜立芝的身影。也正是有了杜立芝这个与农民心贴心的农技专家，这里的农民种起田来才感到特别踏实。

37年来，一心为农民排忧解难的杜立芝，在解决各种种植难题的过程中，记下了70多本共400多万字的农业技术日记，培训农民6万余人次；每年下乡200余次，接听农民咨询电话7000余个；对全县50多万亩耕地、5000多个大棚、8万亩蔬菜的病虫害防治、喷药、施肥了如指掌；能顺口叫上几千个农民朋友的名字，认识她的农民朋友更是数不清；她为种植户挽回的经济损失达上千万元，被农民朋友誉为"农技财神"。

第一章　400 万字只为破解一个难题 /001

跳出"农门"又回"农门"/003

一次接访换来 37 年坚守 /011

400 万字打磨出"农技金刚钻"/017

让农业技术的成果在田间地头开花 /023

第二章　37 年田间路与几个刻了字的南瓜 /035

"农田保姆"的一天 /037

37 年田间风雨路 /041

不称职的妈妈 /049

那几个刻了字的南瓜是宝贝疙瘩 /055

第三章　全县 30 万群众都知道一部热线 /063

不敢换手机号 /065

"杜立芝"效应 /071

第四章　让党的声音扎根乡村沃野 /079

把群众的声音带到大会上 /081

把党的十八大精神带到"田间地头" /087

"党建+农技",撸起袖子加油干 /093

党代会上的六个"最" /099

第五章　"一百千"农服扩容,"田秀才"遍布各村 /103

田间地头走来 1000 多位"杜立芝" /105

为团队树标杆,做农民智囊团 /119

一场小麦传染病,见证不简单的"虎口夺粮" /131

精心培育地理标志产品 /137

探索生态高效种植的高唐模式 /141

走进工作室,感受不变的初心 /147

第一章

400万字
只为破解一个难题

"要对百姓常怀愧疚之心,只要心中充满干事的热情,所有的艰辛和困难都会让路。"

——杜立芝

▲ 聊城农校81、82、83级高唐全体学生留影

▲ 聊城农校高唐全体师生合影留念

跳出"农门"又回"农门"

面朝黄土背朝天的辛苦和劳累,让许多通过考学跳出"农门"的学子都不再回来。但杜立芝当年农校毕业后,没有像有的同学那样进机关入企业,脱离黄土地,而是一心要用自己学的知识为像父母一样的父老乡亲做点事,为生育养育自己的家乡摆脱贫困走上富裕尽自己的星火之力。就这样,跳出"农门"又入"农门"的杜立芝,在高唐农业技术推广的基层一线,一扎根就是37年。

杜立芝姊妹5个,她排行老二。她的求学阶段,赶上了改革开放风起云涌的初期。从小学到初中,杜立芝成绩一直都很优秀,是班里的尖子生。杜立芝的父母都是农民,天天与黄土地打交道。上高中时,懂事的杜立芝也跟着父母到地里去干农活。看到一天就能长高一大截的玉米,杜立芝很惊奇,这种作物一天一个样,怎么长得这么快,原理是什么,她很想一探究竟。这样的问题,父母自然答不上来。于是,对农作物生长的好奇,就在杜立芝的

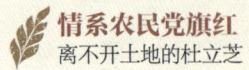

情系农民党旗红
离不开土地的杜立芝

▲ 聊城农校农二班全体师生合影

▲ 聊城农校女生合影（八二农一、二班）

心中埋下了种子。

有一件事,对年少的杜立芝刺激很大。一天,父母回到家发愁地说,自家的棉花一连10多天不见长,就跟黏在了地上一样,这可怎么办。杜立芝二话没说,就跑到地里去看,可不是吗,自家的棉花已经比邻居家的矮了一半了。又过了七八天,棉花还是不长,好像停在那里了。父母无计可施,天天皱着眉头,杜立芝也忧心忡忡。那一年,家里两亩多棉田,颗粒无收。要知道,在那个年代,棉花这种经济作物可是一家人全部的收入来源,一年的开销全指望这两亩多棉花的收成,父母为此好几天都吃不下饭。这也是杜立芝第一次深切感受到,农作物的病害给老百姓带来的伤害,简直是切肤之痛。

临近毕业,杜立芝报志愿时选择了聊城农校,专业是农学。颗粒无收的两亩多棉田、父母忧愁的背影一直督促着她,一定要把农作物的病害弄明白,再也不能让父母遭这样的罪了。有的同学步入校门就成了放归的飞鸟,仅在考试前冲刺一下,而她仍像中学阶段一样,如饥似渴地求学,坚持上早自习和晚自习。老师讲到棉花时,她听得格外用心。下了课,她向老师请教,讲述了自家2亩多棉田的遭遇,请老师分析一下原因。老师听完她的叙述,非常肯定地说:"你家的棉田这是被人打了矮壮素了,这种药喷

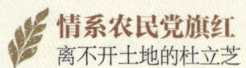

▲ 聊城农校实习期间

▲ 聊城农业学校上学期间

▲ 山东农业大学上学期间

到棉花上,就会出现你说的这种情况,棉花停止生长。"

杜立芝回家告诉了父母,父母想起当时确实发生了邻里纠纷,便向邻居询问矮壮素一事。对方脸红脖子粗,支支吾吾:"我一时性急,做了亏心事,不知道后果这么严重,又不敢上门,我给你赔付吧。"父母心里又恨又惜,惋惜自己多半年的辛劳付之东流,回复道:"这事你做得太不对了。远亲不如近邻,咱们遇到个不痛快,可以再商量呀,怎么能下黑手!事已至此,你已经知道不对了,不用赔了,算了。"从此,两家关系反而更加紧密了。

杜立芝通过这件事愈发感受到农业技术对农民的重要性,若不是有老师的指点,可能自家就得吃了这个哑巴亏了。

毕业季到了,那时的中专生是统一分配工作的。杜立芝的很多同学都喜滋滋地进了农校或农科院,分配到乡镇农技站的几个同学,便多少有些失落。而杜立芝却拿着报到证,高高兴兴地去了当时的高唐县姜店乡农技站。她的一颗积聚已久的验证农技知识的渴望之心,仿佛一下子找到了归宿,有了用武之地。

她的第一块试验田是自家的棉花地。

她向父母提出想拿自家的地做实验时,父母满口答应。毕竟刚工作,作物技术指导上万一有个闪失,对父老乡亲不好交代。

那一年正遇上棉铃虫大爆发,她在自家的两亩多试验田里使

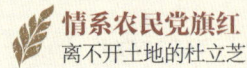
情系农民党旗红
离不开土地的杜立芝

▲ 1987年当选高唐县第三届政协委员

▲ 1990年山东农业大学毕业合影

用灯光和杨树枝把诱成虫、适时捉虫、见卵喷药,并针对虫卵摘心打杈。很快,她的试验就有了成果,那年家里的棉花不仅没有减产,一亩地还比正常年份增产 50 公斤籽棉。父母笑了。村里人都来向父母取经,父母说,这是小芝用老师教的办法种出来的,还真是管用呢。杜立芝毫无保留地把这些种植技术传授给了乡亲们。第二年,整个南街村的棉花收成在全县冒了尖儿。

首战告捷,极大地增强了杜立芝的信心。从此,她开始走进大田,走进她钟情一生的黄土地。

▲ 1993年小麦测产

▲ 1993年植保站工作照

一次接访换来 37 年坚守

1988年,杜立芝调到县农业局植保站工作。作为一个出身农村的孩子,自然知道农业技术对农民增收的重要性。当时全县农业的重点是粮棉生产,杜立芝自然也就把研究重点放在了粮棉种植上。

然而,1992年冬天发生的一件事,改变了杜立芝的认识。那天,杨屯乡侯桥村的一个大棚户拿着黄瓜秧子,骑着自行车赶了几十里路,心急火燎地来到县农业局,满怀希望地向杜立芝咨询黄瓜叶变黄的原因。面对这位赶了几十里路的老农民,杜立芝却不敢直视他的眼睛。"当时高唐的设施蔬菜种植刚刚开始,我在学校也没学过蔬菜栽培技术,所以解答不了那位菜农的问题,那种无奈让我特别难受。到现在,一想起那位老农民满是期盼的眼神,而我却束手无策,心里还能感到刺痛。"杜立芝回忆说。那位菜农失望地离开了,他还得骑车去隔壁县的农业局继续咨询。

▲ 1994年在植保站与同事合影

▲ 1998年在姜店科技示范园做西瓜育苗工作

▲ 1998年在姜店科技示范园与同事合影

大棚户失望与焦急交织的眼神,让杜立芝陷入了深深的自责。自己生于农村,长于农村,受国家资助上了3年农校,所学专业又是农学专业,毕业后从事农业技术指导,深知种田的不易,也深知作为农技人员所肩负的责任,因此从踏上工作岗位的那一天起,就树立了目标,要利用自己的一技之长为广大父老乡亲做一些实事。自己在工作上的努力得到了党组织的认可,上班第三年就入了党。然而,就在自己踌躇满志想要干一番事业的时候,没想到却被农户一个简单的黄瓜种植问题难住了。

"不能为群众服务,党培养我这个技术员干什么?老百姓要我这个技术员干什么?"抱着这样的决心,杜立芝开始了一条"在学习中实践、在实践中学习"的涵盖粮棉、蔬菜等领域的农技钻研道路。

从那以后,她白天下村进大棚,实地观察记录,晚上看各类农业报刊和书籍。在进行"充电"的同时,每次下乡服务回来后,杜立芝都认真写农技笔记,总结经验。平时,只要听说哪家的农作物患了疑难杂症,无论严寒酷暑,她都会第一时间赶过去了解情况。有一次,她骑着自行车去侯桥村调研大棚菜的药效,因和群众约好,路又远,她早饭也没顾上在家吃,带着几个馒头和一点儿咸菜就出门了。这一天,她查看了3个村的大棚菜,边看边

▲ 1999年在北京农科院蔬菜基地参观学习

▲ 1999年调查棉花生长情况

▲ 部分农技日记

记录。冬天天黑得早，不知不觉天色便暗了下来，她正想回家时，寒风夹着鹅毛大雪漫天飘舞而来，很快雪便没过了脚面，乡村小路也已经看不清路边界，一不小心她的车子便滑进了路边的沟里。杜立芝重重地摔在地上，腰部摔伤，从此便留下了腰疼的病根，至今未能完全消除。

这次意外事故并未阻止住杜立芝继续前行的脚步。那是一个盛夏，她要到一个育苗户的大棚里去看苗情长势，育苗户拦住她，"别去了，俺的棚门太矮，棚里又热"。可她二话没说，趴在地上就爬了进去，不一会儿，衣服就被汗水浸透了。就这样，杜立芝成了一个"大棚迷"，哪怕过年回家，她都不忘带着日记到大棚里去看一看。

那几年，她骑坏了 3 辆自行车、2 辆摩托车。记不清多少次顶风冒雪，多少次饥寒交加，她横下一条心，一定要把自己打磨成大棚菜"百事通"，决不能再被老百姓"问倒"，决不能再说一次"我不知道"。

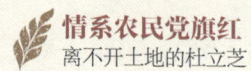

▲ 1999年调查棉花生长情况

▲ 部分农技日记

400万字打磨出"农技金刚钻"

杜立芝在日记里写道:"要对百姓常怀愧疚之心,只要心中充满干事的热情,所有的艰辛和困难都会让路。"为了学好大棚菜种植技术,杜立芝雨里淋过、雪里摔过,从来没有星期天和节假日的概念。杜立芝的公婆家在固河镇东朱村,周围侯桥、崔唐、阎庄等村都种着大棚,平时工作忙回不了家,但只要回家,看见了大棚,杜立芝心里就痒痒,怎么也得抽空去大棚里转转。家里人都笑话她,说她患上了职业病。

一次,为了采写保护地栽培技术的总结日记,杜立芝连续10多天"泡在"蔬菜大棚里。恰逢身体不舒服,杜立芝便在棚里边吃药边观察记录,饿了就啃口干粮,边学边实践。那两年,她记了厚厚4大本与保护地栽培技术有关的笔记。这种"学思践悟、知行合一"的状态一直持续至现在。37年来,杜立芝跑遍了全县600多个行政村,采写了70多本400多万字的农技日记,再加上

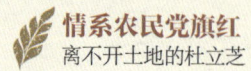
情系农民党旗红
离不开土地的杜立芝

▲ 1999年在姜店观察羽衣甘蓝生长情况

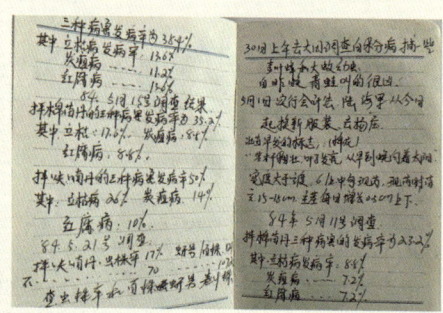
▲ 农技日记内页

▲ 部分农技日记

各种摘抄和天气记录分析,这些资料摞起来足有一人多高,各种五花八门的农作物病症在这里都能"对号入座",并找到治病良方。

功夫不负有心人,杜立芝的农业技术得到了迅速提高,成了"农技通"。老百姓发现,杜站长问不倒了,她提供的药方一用就灵。

农技推广工作的关键在于能否推荐正确实用的技术,因为这关系到农民一年的收成,所以杜立芝走的这条路,一开始便伴随着巨大的压力。

1993年,姜店乡尚官屯村50个冬暖式大棚黄瓜育苗还没等移栽就枯死了,这可急坏了村里的种植户。一个大棚投资六七千,大都是农户东拼西凑借来的钱,大家满怀希望,就盼着黄瓜能有个好收成,没想到苗还没栽上就几乎遭了灭顶之灾。当时的村支书朱连平到县农业局求援,杜立芝和另外几个同志火速赶到尚官屯,很快找到了病因。

"一进大棚,我就闻到了一股怪味,就感觉这病害跟味道有关。"杜立芝说。在排除了温湿度等方面的问题后,她给出了诊断:大棚后坡上盖了劣质薄膜,其遇热分解释放毒氯,引起了黄瓜死苗。当务之急是撤掉后坡薄膜,放风降温排毒。

然而,杜立芝的诊断引起了薄膜经销商的不满。他们不服,从外地请来了一名"专家"诊治,诊治结果是温度过低导致了死苗,

▲ 2004年5月讲解马铃薯水肥管理技术

▲ 2004年给村民讲解玉米播种技术

给农民开出药方：马上提高棚内温度，这与杜立芝的药方恰恰相反。

结果，提温的大棚死苗愈演愈烈，降温的大棚黄瓜苗则有了生机。这一年，该村的棚户平均每户赚了六七千元，一下便收回了成本。后来，这样的事多了，一传十十传百，老百姓便信服了杜立芝。

一次，清平镇芒庄村有部分农户种的春玉米又粗又矮，生长缓慢。有人以为要绝产，便把玉米全砍掉了。其中有位村民舍不得，便打电话向杜立芝求救。了解了大概情况后，她立即赶到现场，认真查看并做出诊断，这些玉米得的不是粗缩病，并无大碍。在她的指导下，该村民没砍掉玉米而是精心管理，结果当年大丰收。这位村民激动地对杜立芝说："您的一句话，救了俺的一块田啊！"

2006年夏天的一个晚上，杜立芝接到了一个电话，是高唐县清平镇小屯村的一个菜农打来的。菜农着急地说："麻烦你来给看看，我种的菜椒死棵很严重，如果不能控制住，那我今年又白忙活了！"

天亮后，杜立芝赶到他的菜椒地里，经过仔细查看，判定是雨水较多造成的菜椒疫病大流行。杜立芝告诉菜农菜椒疫病的具体防治方法，控制住了菜椒死棵。当时的菜椒市场价格较高，那一年，这位菜农每亩地增收了2000多元钱。

▲ 2007年6月6日下村指导

▲ 2007年9月17日开展种植技术培训

让农业技术的成果在田间地头开花

乡村振兴科技先行，杜立芝多次深入基层调研，拿到了全县产业振兴短板的第一手资料。手中的资料沉甸甸的，"种植结构和农户种植习惯的不断改变、一些技术已经不能适用现代农业的发展"等问题时刻压在心头，让她不断思索。她坚信只有科技才能补齐短板，改变现状，于是不断地利用网络、书本、外出培训等机会学习、探索，尝试不同的科技推广方式。久而久之，"改变落后、推广新型"成了她开展科技推广工作的主题。细细品味杜立芝的技术推广日记，我们能感受到她的创新，从推广模式、推广品种到推广方式都在发生着变化。

针对大棚蔬菜药物蘸花费工费时且容易导致蘸花激素残留的问题，杜立芝引进了荷兰熊蜂授粉新技术。该技术主要是利用熊蜂帮助大棚蔬菜授粉，不但可以提高坐果率，而且熊蜂会选择最佳授粉时期进行授粉，授粉效果好，畸形果少。杜立芝便在西红

▲ 2007年12月参加配方师培训

▲ 2008年6月24日进行技术培训

▲ 2008年6月30日在赵寨子镇东小官屯做种植培训

柿大棚内进行熊蜂授粉试验，最终西红柿增产效果明显而且口感很好，食用安全放心。那一年，高唐县推广熊蜂授粉的大棚西红柿共1000多亩，每公斤西红柿多卖了0.4元，每亩增收了4000元。

有一次，在赵寨子镇开展技术培训的时候，杜立芝听到不少老百姓抱怨，这几年来，种地用药量太多了，成本一下子就上去了，成本多了不说，用这么多药谁还敢吃啊，吃了不害人嘛！可是不用药，作物就容易出现病虫害，得不到收成，老百姓的生活可怎么办？杜立芝了解到情况后，暗自下定决心，一定要改变农户的种植管理习惯，减少农药用量，守护农产品质量安全。于是，杜立芝大力推广抗病品种、增施有机肥、加大行距、统防统治等大型机械病虫害防治技术，不断地在病虫害防治的药品上进行创新试验，形成了几套低毒高效病虫害防治用药方案。在她的努力下，全县引进大型施药机械229台，无人机施药机械60余台，统防统治、物理防治、生物防治等技术推广应用面积114.6万亩，农药使用量减少了5%，防治效率提高了10%，既为农民省了钱，又保障了粮食安全。

种植成本一直是老百姓最大的难题，如何降低土地使用成本、改良土壤质量也是杜立芝心中的头等大事。化肥用量的增加不仅增加了种地成本，降低了农民收益，而且还引发了土壤板结、硬化、

▲ 2008年9月11日在三十里铺镇张排村做棉花测产

▲ 2008年9月11日召开测土配方施肥宣传月启动会议

重金属含量超标、耕地质量下降等问题。土地是农业生产的根本，土地出现了问题，农民的生活如何得到保障？于是，她开始着手研究土壤改良技术，不断尝试新的土壤改良技术，并将测土配方施肥技术、水肥一体化、使用生物有机肥料作为改良土壤推广的几项重点技术，推广面积200余万亩，累计减少化肥用量总计约55万吨，化肥使用减量20%~30%，每亩可节本增效32元。

为了提高产出效益，引进种植新模式，高唐县通过举办"粮王大赛"寻找身边的种植能手，探索高效的种植技巧，分享推广种植经验，大力推广主要粮食作物生产全过程机械化，号召和帮助更多的农业生产者提升种粮科技水平、增加种粮效益。为了增加土地产出效益，杜立芝利用该县花生种植的"地利"优势和群众种植花生的习惯，大力发展花生产业。在花生种植模式上，杜立芝挖空心思，利用"大蒜－花生"连作模式有效解决了作物重茬严重影响产量的弊病，通过花生、玉米、大豆三种作物轮作，消减了不同作物根系中产生的有毒物质，实现了作物的绿色生产。种植模式的创新提高了土地产出，轮作种植模式每亩土地收益比花生单作可增收500元左右，得到了群众的认可。那几年，高唐县每年"大蒜－花生"连作模式应用种植达500亩、花生－玉米（包括鲜食玉米）间作应用达3000亩。

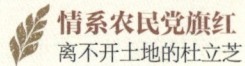
情系农民党旗红
离不开土地的杜立芝

▲ 2009年10月9日在梁村镇小麦播种现场开展播前培训

▲ 2009年11月22日村级培训

不仅仅是粮食作物，蔬菜种植也需要不断创新才能给农民带来更好的收益。2003年，随着保护地栽培日益普及，蔬菜市场不断细分，梁村镇李化梓村的春秋拱棚黄瓜在种了10多年后，开始遭遇价格下跌的尴尬，一年的拱棚收入不过5000元，不合算，棚户纷纷商议拆棚。

"当时一听到这个情况，我急得直跺脚。建一个大拱棚得投入几千元，说拆就拆太可惜了！"杜立芝说，"光说不练没有用，必须探索新的种植模式，提高农民的种植收入。"她一边做群众的工作，一边苦思良策。很快，一条路子浮出脑海：不拆棚，改模式，春种黄瓜、夏种西红柿、秋冬种菠菜，一年三收，保证最低收入在万元以上。这种一年三种三收的大棚模式很快便在菜农中间推广开来。

杜立芝不断将保护地高效栽培模式改进、推广，大棚间作种植、立体种植、贴茬种植等各种种植模式在全县得到普及。她将这一技术成果总结为"大拱棚高效栽培模式的改进与推广"，当年该成果获得聊城市科技进步三等奖。她的优质小麦综合生产技术研究与推广更是获得了全国农牧渔业丰收奖。

在一次采访中，有记者问到，从1985年中专毕业以来，自己的知识能够适应不断变化的农业发展新情况吗？杜立芝是这么

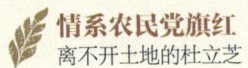
情系农民党旗红
离不开土地的杜立芝

▲ 2009年在小麦示范现场观摩测产

回答的:"搞科技不能要面子,必须实实在在,会就是会,不会就是不会。改革开放以来,县里的农业种植结构发生了巨大变化,过去就是小麦、玉米等传统作物,后来就有了果树、陆地菜、大棚,乃至中药材。说实话,我的知识结构也必须与农业种植结构相适应,否则就无法满足实际需要。我一直不断地学习,除了三年的专科函授外,还不停地剪报、上网,搜集科技信息。比如中药材'草红花',今年才在我们高唐县开始种植。我就得抓紧学习,掌握知识,只有这样才能指导农民科学种植。目前,'草红花'的知识我已经学习了两遍,农户问一些种植、施肥、管理的问题,也能给予解答了。"

37年来,杜立芝先后发表农技科普论文30余篇,累计为种植户引进国内先进的种植管理技术50多项,让农业技术的成果在田间地头开了花。她积极推广测土配方施肥、秸秆还田、机械深耕、种子包衣、控旺促壮、蔬菜无公害栽培以及统防统治、熊蜂授粉、黄蓝板诱杀、高效低毒农药、轮作倒茬、"玉米-大豆"间作套种等多种实用新技术,推广各类农作物瓜菜新品种20多个,推广面积达40万亩,为农民增加收益2000多万元。推广蔬菜大拱棚一年三收种植技术、日光温室蔬菜无公害栽培等技术,推广面积20多万亩,为农民亩均增加收入超4000元,壮大了农民的

▲ 2010年6月7日技术指导

▲ 2010年6月7日田间指导

▲ 2010年6月14日田间指导

钱袋子，保障了食品安全。

"杜站长的一个技术小妙招就能解决俺们增收致富的大难题。

"只要是种植户需要的地方，便总能见到杜站长，这让俺们农民种起田来特别踏实。什么病啊灾啊，都不怕哩！

"就是信她，她从不坑咱老百姓。"

高唐县的老百姓都这么说。

她说："作为一名党员，要有为群众服务的'金刚钻'，才能把群众的碗锔成致富的好碗。"

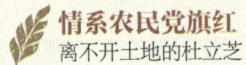

▲ 2010年6月14日指导瓜农种植

第二章

37 年田间路与
几个刻了字的南瓜

"脚下沾有多少泥土,心中
就会装满多少对农民的真情。"

——杜立芝

▲ 2010年7月22日村级培训

▲ 2010年7月26日在杨屯镇大林村查看玉米茎腐病

"农田保姆"的一天

遇见杜立芝,"不是在农田里,就是在她去农田的路上",她最常见的形象就是三个"一身":一身土、一身泥、一身虫。

上午9点,杜立芝来到离县城15公里之外的赵寨子镇蒋官屯村,为多位农户进行麦田管理技术指导。伴随着匆匆的脚步,杜立芝开始了下乡给蔬菜"望闻问切"的一天。

9点34分,在姜官屯村的田间,杜立芝接到姜店镇三杨村种菜大户赵立英的求助电话。赵立英种了近百亩大葱、白菜、西红柿等蔬菜,其中20亩地的大白菜外叶这两天发生了干枯现象,令她心急如焚。接到电话后,本欲回县里的杜立芝马上改变行程来到姜店三杨村。对赵立英的大白菜进行认真检查后,杜立芝找到了病根:"这是得了霜霉病,尽快给白菜喷点杀菌药就没事了。"在给赵立英指导期间,杜立芝先后接了3个电话,两个咨询小麦管理,一个咨询蔬菜病菌防治,杜立芝都一一给予了"远程指导"。

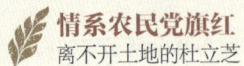

情系农民党旗红
离不开土地的杜立芝

▲ 2010年8月5日田间技术指导，录制农技科普知识视频

10点40分,风尘仆仆赶回县农业局的杜立芝,不等坐热办公椅又接了3个咨询电话,其中一个是尹集镇武花园村大棚户武学生打来的,武学生急切地说:"杜站长,您快来看看吧,俺种的黄瓜发现不少死苗!"杜立芝立即驱车七八公里来到武花园村,在解决了武学生的死苗问题后,她又给闻讯聚集过来的菜农上了一堂蔬菜种植科普课,回家吃午饭时已到了12点37分。

14点50分,杜立芝出现在尹集镇后刘村,为两个大棚户指导小拱棚韭菜的科学施肥。

15点06分,杜立芝在尹集镇张老庄村为两户菜农解决西红柿长势不好的难题。

16点21分,杜立芝接到尹集镇朱庄村民的求助电话,她接连到了5户菜农家的大棚里进行技术指导,先后解决了菜农李运成西红柿不长叶、菜农李玉青西红柿下部叶发黄等多个难题。

17点20分,杜立芝来到前花园村为菜农王克辉种植的黄瓜诊病,回到家时已是万家灯火了。

20多个求助电话,走了3个乡镇,行程120多公里,为众多菜农解了燃眉之急,这只是杜立芝普普通通的一天。30多年的一万多个日子里,她始终如一地穿梭在田间地头,这早已是她的工作常态。刮大风,她担心的是棚膜;下大雪,她关心的是棚温;连阴天,她揪心的也是如何防病保苗。

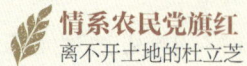

▲ 2010年8月15日开展村级培训

▲ 2010年8月20日查看玉米生长情况

37 年田间风雨路

37 年间，杜立芝几乎没有自己的"私人时间"，她每天探地头、钻大棚、送技术，与百姓打得火热。杜立芝的农民朋友多得自己都数不清，为了方便种植户咨询技术问题，她的手机 24 小时开机，每年接听电话 7000 多个。老百姓遇到种植难题，只要一个电话打过来，她随时解答，随叫随到。

一天，杜立芝接到一个电话，对方急切地说："杜站长，俺是固河镇黄园子村的黄延臣，你赶快来给看看吧，不来俺就解钢丝，拆大棚，不种了……"当初她是县农业技术站站长，老百姓都习惯称她为"杜站长"，即便她现在已担任县农业局副局长，"杜站长"这个称呼也依然被农户朋友们延续至今。放下电话，杜立芝马上意识到大棚里的蔬菜出严重问题了。她租了个摩的直奔黄园子村。黄延臣正在他家的大棚外等着，一脸的焦急。进棚一看，只见一棚西红柿全都打蔫了。经过检查，

情系农民党旗红
离不开土地的杜立芝

▲ 2010年10月10日进棚指导

▲ 2010年12月23日解答种植问题

▲ 2010年12月25日棚内查看

杜立芝很快找出了原因，由于大棚放风口被大风刮得闭合了，致使棚内温度过高造成了西红柿打蔫。现场看诊、对症下药后，这一大棚西红柿很快又欣欣向荣起来。

2013年11月，一天清晨，正在吃饭的杜立芝接到10公里外张桃村村民龚建康打来的电话，说大棚西红柿全烂了。"我马上过去，你别着急，你先把温差缩小。"杜立芝放下碗筷，直奔大棚。

下车后，杜立芝深一脚浅一脚走在乡间小道上。由于常年奔波，杜立芝患上了静脉曲张和膝盖疼痛。随行的人问："腿没事吧？"杜立芝说："没事，能坚持走。"

经仔细诊断，原来是龚建康没控制好室温，加上尿素使用过量，导致西红柿腐烂。杜立芝立马开出药方："这是典型的脐腐病，用大水压肥，上生物菌肥，封冻之前，水浇大一点。"像这样的电话，杜立芝一天能接40多个，电话里解决不了的，她就直接过去，平均每天走路不下10公里，一年能穿坏两双布鞋。

"麦根发褐色，就是病，大家一定要重视防病，不治的话来年白穗多，就要减产，清明前一个月一定要仔仔细细喷一遍杀菌药，这个问题我们就解决了。"在村支部讲完课，杜立芝

情系农民党旗红
离不开土地的杜立芝

▲ 2011年参加聊城市第十次党代会

▲ 2011年2月18日在杨屯镇西朱村做技术指导

▲ 2011年3月4日在李化梓村指导黄瓜育苗

又跟随村民来到麦地里进行实地指导。

"只要村民有需要,我就到村里来,咱能自己来,就不让村民跑腿,他们很多人年纪大了,出门不方便。"杜立芝说。几乎每天,杜立芝的电话、微信都有村民找来咨询问题,她都会耐心解答。不仅是"技术顾问",很多农民还把杜立芝当成"知己亲人"。黑牢村菜农陈万周2012年投资七八万元建了大棚,媳妇又刚生了孩子,以至于资金周转困难,就找杜立芝帮忙协调银行贷款。杜立芝担心贷款审批时间长,他当时没钱花,就把刚发的3000多元工资"借"给了他。

就是这样,一亩又一亩,一棚又一棚,一家又一家,杜立芝不知道自己踩了多少田间地头,不记得自己钻过多少大棚,开过多少农技处方,甚至记不清同一个村同一块地她来过多少次,但是农民遇到技术难题时那种痛苦、无助的表情,她却记忆犹新。曾经有一个农民兄弟因为大棚种植亏损太多喝农药自杀,深深地刺激了她,让她下定决心,一定要用自己的大棚种植技术,尽全力解决乡亲们遇到的农业技术难题。有的乡亲因为不了解化肥农药等的用量导致作物大面积减产,坐在地上哭,那种场面让杜立芝难受了很长时间。正是因为这种切身体会,让杜立芝下定决心,一定要扎根田间地头,科技助农,尽全力

▲ 2011年3月7日在赵寨子镇解庄村田间培训

▲ 2011年4月14日在赵寨子镇东小村技术指导

▲ 2011年4月19日在赵寨子镇前纸村田间指导

▲ 2011年4月22日指导马铃薯生产

推广农业技术知识,帮助农户种植一些产量高的农作物和特色经济作物,不让他们担太多的风险,尤其是像大棚种植和药材种植这种高投入的项目,更是手把手地教,防止农户因技术操作不当而减产。

情系农民党旗红
离不开土地的杜立芝

▲ 2011年5月7日进行大棚及田间技术指导

不称职的妈妈

农民遇到困难,在第一时间赶到现场,这已经成为杜立芝的习惯。在农民眼里,她是"家人",随叫随到,可在家人眼里,她却是"贵客",整日早出晚归,不知道什么时候回到的家,又是什么时候出的门。

为了支持杜立芝工作,孩子刚生下来没多久就送去了公婆家。可因为公婆家里还有地,怕老人累着,孩子两岁的时候,杜立芝就把女儿送进了幼儿园。"虽然女儿是班上年龄最小的孩子,可工作忙起来也就顾不上了,每次都是送得最早、接得最晚。有时送她去上幼儿园,她哭着不让我走,可一想到乡亲们还在地里等着我,我就狠狠心,让老师和别的小朋友拉住她,转身就走。每次我都自己安慰自己,小孩子嘛,哭两声一会儿玩起来就没事了。"可听到身后女儿撕心裂肺的哭声,杜立芝也总是忍不住落泪。

▲ 2011年5月18日在梁村镇姜庄村指导棉田种植　　▲ 2011年6月10日在固河镇董庄村做测产宣传

▲ 2011年6月20日在清平镇芒庄村指导玉米管理技术

女儿上了小学后，杜立芝就再没接送过。上高中时，女儿生病了都是同学陪着去医院。有一次女儿开玩笑跟她说，班里一个同学还以为她是个不关心女儿的"后妈"呢，杜立芝听了特别心酸。女儿高三那年，她依然在地里忙碌着。女儿由于高考的压力和吃饭不固定得了胃病，自己去挂急诊甚至打吊瓶，忙活着乡亲们的庄稼的杜立芝却一点都不知道……后来报纸上刊登了杜立芝一篇报道《她与农民心贴心》，她把对孩子的愧疚说给了记者。孩子的班主任看到了，非常感动，把报纸送给了杜立芝女儿，并对女儿说，你妈妈太伟大了，你可要理解她呀。杜立芝的女儿看完报道受到了很大的震动，"她变得更懂事了，知道我工作累，学习、生活从来不让我操心，还学会了自己做饭，高考那三天，我一次也没送过她，但她很争气，考了全县文科第一名"。

说起这件事，杜立芝觉得特别对不起孩子。都说高考考的是孩子，报志愿考的是家长。女儿的高考成绩超出第一志愿分数线29分，但由于杜立芝和丈夫没有时间帮助咨询，结果第一志愿报"挤"了，女儿只能走了第二志愿。聊起这件事，杜立芝眼里噙着泪水，总觉得耽误了孩子，"怕女儿怪我一辈子"。

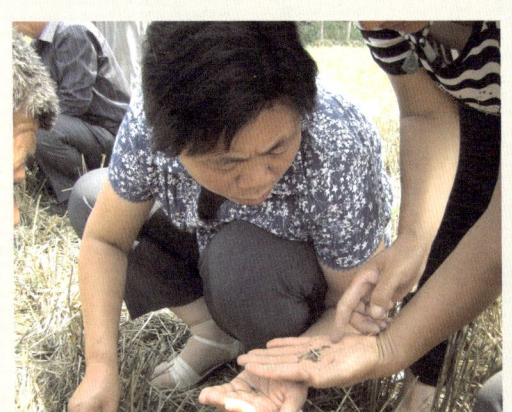
▲ 2011年7月5日防治二点委夜蛾虫害

▲ 虫害防治指导

▲ 2011年8月11日在三十里铺镇做田间指导

▲ 2011年12月检查小麦生长情况

后来，杜立芝问女儿有没有怨恨自己，女儿想了想说："不怨你，虽然你舍了我一个，但是你为了那么多老百姓，我挺佩服你的。"听了这句话，杜立芝非常感动，也更加觉得有愧于女儿，有愧于家庭。

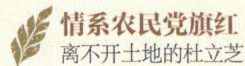

▲ 2012年2月22日指导大棚葡萄技术

▲ 2012年3月28日指导大拱棚黄瓜种植

▲ 2012年5月18日查看天南星根腐病

那几个刻了字的南瓜是宝贝疙瘩

自己家里的事操心不多,可对群众的事杜立芝却很上心。赵寨子乡蒋官屯村的李曰忠说:"俺和杜站长有十几年的交往。杜站长不仅技术好,脾气也好,简直成了俺的家庭顾问,孩子考学填志愿让她参谋,家里闹矛盾让她调解,遇上烦心事也愿意和她唠叨唠叨。"

农民对她从心里感到亲切,然而也有些不解,就问她:"你经常风里来雨里去地到俺乡下来,给俺白帮忙,图啥呀?"是啊,图啥呀?谁不愿意坐在冬暖夏凉的办公室里,谁不愿意享清闲?下乡来,苦点累点没啥,耗费精力也没啥,可还要自己搭车票,图啥呀?

面对别人的不解,杜立芝是这么回答的:"我出身于农民家庭,婆家也是农民,我和农民有感情,我最高兴的事就是到田间地头解决老百姓的困难,我想把时间都用在工作上,用在别处太可惜了。

情系农民党旗红
离不开土地的杜立芝

▲ 2012年5月参加山东省第十次党代表大会

▲ 2012年5月31日指导西瓜种植

▲ 2012年6月19日查看梁村镇崔庄棉花试验

我把学到的知识和技能献给像我父母一样的庄户人家，为他们做点实事，心里踏实。"

县农业局几任局长都很重视农技指导，"下乡指导虽是软指标，可不下去，遭殃的是老百姓，老百姓在庄稼病虫害面前只能眼睁睁地看着苗瞎了、减收了、绝产了。真不下去，老百姓怨技术员是小事，他们还会埋怨政府"。杜立芝常对身边的技术员说："看着老百姓心急的样子，听到恳切的话，我们还能坐得住吗？老百姓在我们心里分量有多重，我们在老百姓心中就有多重。"

杜立芝虽担任高唐县农业局副局长职务多年，但熟悉她的种植户都知道，她有"三多"与"三少"：技术经验多，下乡入户多，农民朋友多；架子套话少，休息时间少，报销补贴少。多年的田间地头路，杜立芝没要求过一次加班费、下乡补贴，没申请过劳保待遇，下村都是骑自行车或摩托车，着急就自己租个摩的。2010年春，局里争取了上级一个科技直通车项目，局党组特意为她配备了一辆面包车，这让杜立芝如虎添翼，为农民提供技术服务也更方便了。

"接地气"的杜立芝早已被广大种植户视为"家人"，"有问题，找杜站长"已成为他们破解生产困惑的首选，而他们感恩的方式则是经常往杜立芝的办公室送蔬菜。"也没别的，杜站长帮俺种菜，

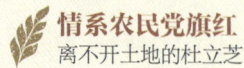
情系农民党旗红
离不开土地的杜立芝

▲ 2012年6月25日在赵寨子镇蒋官屯村做培训

▲ 2012年9月4日查看赵寨子镇解庄村白菜软腐病

▲ 2012年9月4日在赵寨子镇解庄村做农技科普

俺种出的第一筐菜得给她尝尝鲜。"尹集镇唐洼村村民王建强感激地说。

2002年的一天，杜立芝收到一份特殊的礼物，是尹集镇王花园的大棚户王振广送来的8个刻着字的红南瓜，"祝杜站长天天快乐"。字是2个月前南瓜刚挂果时王振广刻上的。

王振广于2001年建了2个冬暖式黄瓜大棚，不懂技术的他几乎天天给杜立芝打电话，请她过去指导选种、育苗、嫁接等一系列技术难题。这一年，王振广收入2万多元。为了表达对杜立芝的感激，思来想去，他想出了这样一种颇具意义的方式。杜立芝不舍得吃这些南瓜，把南瓜保存起来，就像收藏宝贝似的。她觉得，满满的两箱子荣誉证书都不及这些南瓜，不及老百姓从心里对她的认可，她感觉这是对自己最高的奖赏。看到它，她就觉得有使不完的劲儿。最后这些南瓜慢慢烂掉了，但那行字却一直深深地印记在她的心里。这些南瓜，也消解了丈夫和女儿对她的怨气。过去丈夫时常埋怨她早出晚归不顾家，这次，丈夫也从这一行字中读懂了妻子的执着，理解了一位农技工作者对土地、对农民的感情。

2009年春天，一个大棚户在给她打电话问技术时，听出她的声音有些异样，多方打听才得知她生病住院了。医院里一下子

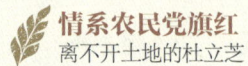

情系农民党旗红
离不开土地的杜立芝

▲ 2012年11月参加中国共产党第十八次全国代表大会

来了30多个大棚种植户,他们提着大棚里新采摘的蔬菜、水果,一路打听着找到病房。住院那几天,病房里来看望她的群众总是满满的。群众话语不多,可杜立芝从他们的眼神中看到了老朋友般的疼惜和祝福。在医生、护士、病友的羡慕眼神中,杜立芝感受到了一个农业科技工作者的骄傲与自豪!

从普通农业技术员到蔬菜站站长、农技站站长,再到农业局副局长、农业农村局主任科员,职位虽然变了,但杜立芝对乡亲们的感情、对庄稼的感情、对土地的感情始终不变,她常说:"脚下沾有多少泥土,心中就会装满多少对农民的真情。"

▲ 2012年11月21日党的十八大精神进乡村宣讲

▲ 2012年12月10日下村指导

▲ 2012年12月27日指导大棚黄瓜种植

第三章

全县30万群众都知道一部热线

"作为一个技术员,我们的心在田间,作为一名党员,群众就盼着我们在农村生根发芽。我们自应多进两家门,多说两句话,多跑两步路,多解两个题。"
——杜立芝

情系农民党旗红
离不开土地的杜立芝

▲ 2013年3月4日在解庄村做施肥技术培训

▲ 2013年4月12日在琉寺镇调查小麦苗情

不敢换手机号

接待完一位拿着生病了的玉米秧苗来工作室"问诊"的农户，杜立芝把水杯灌满，准备进村"出诊"。正值夏季各种作物的生长旺盛期，除了杜立芝本人，她的手机也格外的"忙"。一路上手机响个不停，"杜站长，俺大棚里的西红柿有点蔫，您啥时候能给看看""杜站长，用过除草剂的桶没洗干净，加了药喷到苗上了咋整啊""杜站长，俺种的西瓜有死棵了，咋回事啊"……杜立芝都耐心地给出了解决方案，并约好了现场查看的时间。

车行至沙窝刘村村头，远远地，一位瓜农已经站在了地头上，望眼欲穿。杜立芝一下车，瓜农便着急地迎了上来："瓜叶边儿上发黄，也不知道咋回事儿。"瓜农目光焦灼，眉头拧成一团。蹲在地头凝神看了一会儿，杜立芝有了答案："连续阴天并且地里湿度大的时候，就好得这个病。"给农作物"看病""诊断"时的杜立芝，像极了深谙"望、闻、问、切"之道的老中医。

▲ 2013年4月19日调查小麦苗情

▲ 2013年4月20日雪后查看灾情

▲ 2013年5月8日在赵寨子镇开展农技培训

▲ 2013年5月9日在汇鑫街道指导农户

疑惑解开了，瓜农长舒一口气，脸上有了笑意。在农民看来，杜立芝是帮他们发家致富的"科技通"，又是可依靠的贴心人。"有问题就找杜立芝"，这是高唐农民几十年来形成的一种习惯，也是杜立芝的电话成"热线"的原因。接到"求援"电话，她总是尽快响应、优先安排。

"杜站长三天两头就来大棚里看看，有了问题可以随时给她打电话。"高唐县尹集镇后刘庄村村民孟祥军看见自家的3亩半韭菜有些发黄，赶紧给"杜站长"打了电话，杜立芝二话没说就赶往他的韭菜地。

"高唐农民没有不认识她的，没有不知道'杜立芝热线'的，没有打了'杜立芝热线'不起作用的。"尹集镇唐洼村菜农王建强说出了高唐农民的心里话。"可不敢这么说。不过我不敢换手机号是真的，怕换了号，农民朋友找不着我。"杜立芝笑着回答。据说她的手机号，高唐县30万农民都知道。

高唐县农业局原有一个技术热线：12316，因为电话大多是找杜立芝的，后来局党组干脆把热线电话改名为"杜立芝热线"。其实何止这一部热线，就连杜立芝的手机和家庭电话都成了技术热线。一年下来，她光电话就要接7000多个。前两年，手机有备用电池，她特意买了2块备用，一块随身带，一块在家里充电。

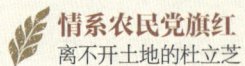

▲ 2013年6月14日在赵寨子镇张庙村麦收期间录制农技知识宣传视频

▲ 2013年8月8日下村指导

有些老百姓就想和她说上几句话，他们种菜心里才有底。不管老百姓打来的电话多早、多晚，她都是笑语相迎。需到现场的，她都会马上赶过去，现场指导或者搞培训班、办讲座。一个星期她最少有四五天的时间在外面跑，每到一个村，杜立芝总会陷入热情群众的"包围圈"。不知从哪里涌出的男女老少一下子呼啦啦围拢过来，大家你一言我一语，问这问那。杜立芝有问必答，同时也用大伙儿能听得懂的语言，深入浅出地向大家传授小麦施肥技术、病虫害防治等"小妙招"。梁村镇李化梓村的李恒胜说："每年种棚的时候，种什么、选啥品种，种多少，我都要先问问杜站长，反正听她的，没错！""我们见到杜站长就觉得踏实，一个电话就能把她叫来了。"

不接电话时，杜立芝也丝毫不得闲。几十个微信群，"嘀嘀嘀"地响个不停。一到施肥、下种、长苗和防治病虫害的关键期，每天在群里答疑解惑，也是她的重要任务之一。

无论是接听电话还是微信答疑，杜立芝总是丝毫不敢怠慢。在杜立芝眼里，地里的事、棚里的事是比一切都重要的事情，因为农事不能误、农时不等人，也因为那"关系着农民的饭碗和钱包"。

情系农民党旗红
离不开土地的杜立芝

▲ 2013年8月22日在赵寨子镇葛屯村做培训　　▲ 2013年12月23日下村指导

▲ 查看大棚蔬菜长势

"杜立芝"效应

一天下班时分,杜立芝接到电话:"我是固河大华庄的,你们快点来吧,我家的西瓜好像生病了,现在是西瓜授粉的时候,如果不能治,今年就绝产了……"为了及时解决技术难题,杜立芝把自己家的电话和手机号码告诉给了农民。像这样的电话,杜立芝平均每天能接到20个,有时候赶上做饭、吃饭,都要停下来好几次。就连她外出开会的时候,也会抽出时间帮助农民解决难题。

电话太多了,问题也来了。有时许了这个农民去看菜,可那一个技术问题更急,排队等她出诊的越来越多,有的连找几趟不见她的影儿。要解决高唐农业的发展问题,一个杜立芝显然是不够用的。

杜立芝也陷入沉思:一个人浑身是铁能打多少钉儿?一个人通身是学问,一天能服务多少老百姓?一个人的能力毕竟有限,

▲ 2014年1月15日在姜店镇东屯村做技术指导

▲ 2014年1月21日向梁村镇北范村种粮大户范文来宣传中央一号文件

▲ 2014年2月18日在尹集镇后业村查看苗情

▲ 2014年3月13日调查杨屯镇庞庄村小麦死苗问题

带着大伙儿一块干才是出路。

杜立芝把自己的想法向局党组做了汇报,正与局党组的工作计划不谋而合。时任党组书记贾建华说:"杜立芝是我们农业科技人员的骄傲,我们要发扬'杜立芝'精神,打造'杜立芝'品牌,培养更多的'杜立芝'。"

"杜立芝热线"很快成了一个特定名词。随即,高唐成立了"杜立芝团队",一个10人的农技专家咨询团。"我一出门就喜欢多叫几个年轻人。带着年轻人到一线,边交流边实践,对他们帮助最大。"杜立芝说。

田间是最好的课堂,农民是最好的老师,理论结合实践,走到田间不搞花拳绣腿。开始,她带着几个年轻技术人员来到一线,田间、地头、大棚里,他们切磋着,交流着,年轻人的笔写个不停,照相机对着病态叶片咔嚓咔嚓。平日里,杜立芝老跑田间,总觉得把时间用在别处太可惜,与同事交流得少。这些日子里,同事们才理解了杜立芝为何不肯与他们多聊一会儿。端午节3天假期,团队成员白兴勇陪杜立芝转了3天,他说:"我们现在才知道,杜局长没有节假日,是因为老百姓没有节假日。"

后来,杜立芝的电话中,便又多了同事的咨询。在车上赶路的当儿,咨询团的一个新成员李和英打来电话:"杜局长,豆荚

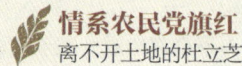

情系农民党旗红
离不开土地的杜立芝

▲ 2014年3月21日查看李化梓村大棚黄瓜生长情况

▲ 2014年4月24日在琉寺镇三里堂村指导小麦纹枯病防治

▲ 2014年4月15日小麦不分蘖原因分析

出现黄叶是不是根腐病？你给出个好药方吧。"原来小李正在给一位菜农做现场指导。

同事安文焕说起杜立芝带病到村里培训的事，眼眶都红了。那是 2009 年春天，正是测土配方施肥的关键时期，他们定好 3 月 20 日去清平镇小刘庄召开一个培训会，杜立芝是主讲。就在前一天，杜立芝突然晕倒在家里，到医院检查，是子宫内膜增生造成大出血休克，医生建议当天做手术。安文焕知道了此事，她再三嘱咐文焕不要把这件事告诉局里，第二天，仍处于贫血状态的她不顾文焕的再三劝阻，毅然决定去开培训会。早上吃过止疼药、补血药，杜立芝咬着牙上了车。当车上其他人看到杜立芝气色不对时，她笑着说，昨天感冒了。培训会上，她讲了 2 个小时，尽管还是寒风料峭的初春，可杜立芝额头上的汗珠不断往下淌，声音挺大却一直颤抖。安文焕不敢看她那张脸，她的脸色越来越黄，安文焕的眼眶里，泪水在打转儿。文焕只觉得那是最长的一次培训会，可算结束了，她赶紧跑上前去，一把搀扶住杜立芝。

回来后，杜立芝感觉头晕得厉害，就向局里请了两天假，仍说自己感冒了。

就这样，在杜立芝的带动下，县农业局爱学习、跑一线、干实事的人多了，说风凉话、嫉贤妒能的人没了。100 多人的农业局，

▲ 2014年4月24日在杨屯海法寺分析处理除草剂和化控药药害

▲ 2014年5月21日调查小麦扬花期喷药造成籽粒不发育情况

具有专业技术职称的员工达到 80 多人，其中，有 20 多人拥有高级技术职称。在电话上说不清楚的，大家就赶到村里现场指导，有共性的问题，就搞培训班、办讲座，一天跑两三个乡镇是常事，一个星期至少有四五天的时间在外面跑。"杜立芝效应"也日渐发挥。

解决农户种植技术的同时，杜立芝还带着大家进村入户到田间，开展技术推广工作。他们有针对性地开展知识讲座和现场咨询活动，培育了全县 6200 多名特色专业农民技术员，为促进"科技型农业"发展提供了有力的支撑。为了适应农户的新需要，她还指导建立了高唐农业信息网，根据季节需要及时更新农业技术信息，帮助农民掌握无公害作物种植、蔬菜病虫绿色防控等技术。

近年来，"杜立芝"团队有多人受到省市县表彰，成为老百姓发家致富的强大技术后盾。在团队同事眼里，杜立芝是"一团火"，他们围拢在她的身边。她也经常鼓励同事："用心干，就能干好，技术就能专，农户就能认可。"如今，这些技术员奔波在田间地头、蔬菜大棚里，正成为像杜立芝一样独当一面的人。

杜立芝深有感触地说："作为一个技术员，我们的心在田间，作为一名党员，群众就盼着我们在农村生根发芽。我们自应多进两家门，多说两句话，多跑两步路，多解两个题。"

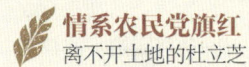

▲ 2014年6月9日在赵寨子镇小朱寨村指导西瓜坐瓜期管理

▲ 2014年7月29日在尹集镇指导薏米种植

▲ 2014年11月6日白菜试验测产

第四章

让党的声音
扎根乡村沃野

"党的十八大和十九大的'红地毯',是对我的最大肯定。田野上的'青纱帐',才是我实现人生价值的最大舞台。"

——杜立芝

▲ 2015年1月16日在蒋官屯村指导西瓜育苗

▲ 2015年3月7日在赵寨子镇蒋官屯村讲解大拱棚西瓜定植前准备事项

把群众的声音带到大会上

作为党的十八大、十九大代表,2022年,杜立芝再次当选为党的二十大代表。在与百姓打交道的过程中,杜立芝时时刻刻不忘传达党的声音,鼓励百姓投身乡村振兴。

在参加党的十八大山东省代表团讨论时,杜立芝提了两条建议:一个是解决"菜贱伤农"问题,另一个是粮食安全问题。在她看来,这两个问题看似有点"陈旧",但却关系广大农民群众的切身利益,农民关心的事就是她的头等大事。

事情还得从党的十八大召开之前说起。当选为党的十八大代表后,"到大会上谈什么"就成了杜立芝最上心的事。平时就在田间地头"上班"的她,可以说对农村的情况了如指掌,但她还是专门抽出几周的时间进村入户做调研。许多菜农反映,今年蔬菜价格过低,让种菜农民损失惨重,甚至连成本都收不回。杜立芝把大伙的声音记在笔记上,并深入到收购商、菜贩中,对蔬菜

▲ 2015年3月7日指导大棚西葫芦种植

▲ 2015年3月11日在固河镇王堂村做技术培训

▲ 2015年4月9日技术指导

▲ 2015年4月24日在清平镇西小官屯村做技术培训

产销的各个环节做深入调查。在参加山东省代表团讨论时,她提出,要解决菜贱伤农问题,必须由政府向农民提供及时的信息服务,指导农民"按需生产",尽可能实现供需平衡。同时应建立一定的农产品生产风险基金,在蔬菜价格过低时给予农民适当补贴,保护好他们的种菜积极性。

对粮食安全问题,杜立芝更是深有感触。"现在国家搞的粮食高产创建项目,小麦亩产能达到1400斤,玉米能达到1700斤。但许多群众种地都是草草种、草草收,缺少科学管理知识,亩产也就在八九百斤,这里面还有很大的潜力可挖。"她在讨论发言中提出,在基本农田总量保持动态平衡的前提下,要保障国家粮食安全,就必须依靠农业科技提高粮食单产。而要大面积推广农业科技,除了依靠活跃在田间地头的农技人员外,还要发挥广大基层干部的积极性,通过把粮食生产纳入对基层干部的业绩考核,鼓励他们重视、支持,参与到农技推广中。

在积极提建议的同时,杜立芝还利用各种机会宣传聊城,推介高唐。"聊城用占全国千分之一的土地,生产了全国百分之一的粮食。聊城的蔬菜总产全省第一,农业机械化率达到98%以上,也是全省第一。高唐的栝楼是国家地理标志保护产品……是中国

▲ 2015年5月6日在固河镇小赵村做黄腐酸试验　　▲ 2015年5月18日调查水肥一体化使用效果

▲ 2015年11月25日下村指导

书画艺术之乡,中国锦鲤第一县。"由于每位代表的发言严格限定在三五分钟,她就用简洁通俗的语言向大家介绍了自己的家乡。

"现场许多记者对我的发言作了记录,希望通过他们,能让更多人了解高唐、关注高唐。"杜立芝自豪地说。

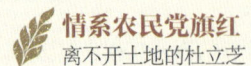

▲ 在"马扎课堂"上宣讲党的政策和农技知识

把党的十八大精神带到"田间地头"

2012年11月的一天,从北京回来不久的杜立芝匆匆来到尹集镇唐洼村菜农王建强的大棚里,为一棚发蔫的西红柿"把脉"。原来,就在几天前,王建强打电话向正在北京出席党的十八大的杜立芝求助。大会闭幕后,她就马不停蹄地赶了过来。

党的十八大参会期间,杜立芝的电话始终热度不减。7天下来,光是农民群众的咨询求助电话就有30多个,有的反映自家地里出现了麦叶枯死现象,有的咨询怎样防治麦田杂草,有的为大棚里发蔫的蔬菜求"病方"……会场内不能带手机,杜立芝就利用休息时间为群众耐心解答;不能通过电话解决的,就约好时间,等大会结束后到群众大棚里现场"把脉"。

既要做学习笔记,又要为群众做"远程指导",杜立芝几乎每晚都要到凌晨才能休息,但她却说自己一点也不累:"出了问题,老百姓第一个想到的是杜立芝,这是对我最大的肯定。"

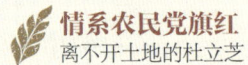

▲ 2016年3月8日调查姜店镇小麦死苗情况

▲ 2016年4月8日查看追肥后浇水导致的小麦黄叶问题

从北京回来之后，除了继续做农业科技推广，杜立芝又多了一项新任务：把党的十八大精神带到"田间地头"。

"对农业这一块，国家出台了很多好政策。咱农民搞滴管、喷灌、买大棚卷帘机都会有补贴。有了现代化的机械设备，大伙就能省出更多的时间和精力，发展更多致富门路。"在尹集镇唐洼村蔺爱珍的蔬菜大棚里，杜立芝一边为她的西红柿"看病"，一边宣传着党代会上的好消息。听到这儿，蔺爱珍脸上乐开了花："有了大棚卷帘机，省时又省力，管理大棚就更容易了。"

"我的荣誉是群众给的，没有他们的信任和支持，我不可能走上这么大的舞台。现在，我有义务把大会上传出的好政策、好消息带到大伙中间，让基层群众更有盼头、更有信心、更有干劲。"杜立芝告诉记者。

"党的十八大报告提出，城乡发展一体化是解决'三农'问题的根本途径，这一条总结得太好了。""今后国家要加大强农、惠农、富农政策力度，让农民平等参与现代化进程。""依法维护农民土地承包经营权、宅基地使用权、集体收益分配权，这一点太重要了，只要手里有地，农民就能安心地搞生产、搞多种经营。""大会对农业发展的部署环环相扣，只有加大农业基础设施投入，实现旱能浇、涝能排，才能更好地保障粮食安全；农业

▲ 2016年4月13日在杨屯镇海法寺村检查小麦死苗情况

▲ 2016年9月7日开展村级培训

▲ 2016年11月28日在固河镇崔堂村做农技培训

机械化程度提高了，才能进一步发展规模化经营，才会出现更多的种粮大户、养殖大户。"……在杜立芝的笔记本上，详细地记录着进村后要给群众讲的内容，这里面，既有报告中的原文，也有许多自己的思考。杜立芝认为，宣传党代会精神不能生硬刻板，要用群众喜欢的形式和语言，让他们愿意听、能听懂。

当然，杜立芝最关心的还是自己的老本行——农技推广。"发展农业科技要依靠三个层次的人才：高端的科研人才、中间的推广人才和基层的实用人才。现在，国家对农业科研的投入比较大，但农技推广人才、和农业实用人才的数量还远远不够。希望今后政府能加大对农技推广的投入，多到田间地头搞培训，培养更多的新型农民，这样才能真正把科研成果转化为农业生产力。"朴实的话语中，浮现出一张令人憧憬的美丽蓝图。

这就是杜立芝，从"青纱帐"里走来的党代表。

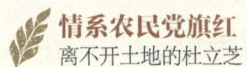

▲ 作物长势检查及田间技术指导

"党建+农技",撸起袖子加油干

前几年,清平镇尚庄村的尚芳芳回到老家建了个养鸡场,被当地父老传为奇谈。尚芳芳散养笨鸡,不是为了卖鸡蛋,也不是为了卖笨鸡,而是为了养地,她的目标是有机生态农业。她说自己是听了杜立芝宣讲的党的十九大报告后,才萌生并坚定了这一念头。

党的十九大之后,杜立芝下乡传授农技知识时便融入更多的政策解读和种植模式引导。尚芳芳清晰地记得,杜立芝那天在村委会议室,特别提到投资农业的前景:"国家引导金融资本和社会资本投资农业,以鼓励政策形成方向指引,形成一二三产融合发展的模式。特别是有机生态农业将是一段时期的朝阳产业。"尚芳芳听了这句话,毅然将自己多年的积蓄拿出一半投到家乡。正是在杜立芝的指引下,才有了她今天的散养笨鸡场。

"国家给玉米种植上了双保险,从成本险增加到部分收入保险,如果绝产,每亩理赔从以前的450元涨到现在的950元,再

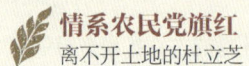

▲ 田间技术指导，解决农户种植问题

加上粮食直补每亩 137.8 元，咱们老百姓只管种好就是了！"6月 10 日，在清平镇东大村玉米种植现场，杜立芝边讲玉米良种良法，边给大家鼓劲。这一年，高唐县的粮食面积增加了 0.8 万亩。

她的政策宣讲紧跟中央部署，特别是党的全国代表大会的宣讲，她更是将党的主张带到了她所到过的每一个村子。

"在党的十九大上，我们党作出了坚决打赢脱贫攻坚战的庄严承诺，注重扶贫同扶志、扶智相结合。一个是志气的'志'，一个是智慧的'智'。明白这个意思吧，咱们不能光靠国家来养着，自己也得想法去挣钱，当然失去劳动能力上岁数的老人国家给管着。"

党的十九大后的一天，在高唐县姜店镇向阳花开生态公司的会议室，来自全县多个镇街的百余名贫困户在聆听党的十九大代表、高唐县农业局副局长杜立芝宣讲党的十九大精神。杜立芝一边宣讲扶贫惠农政策，一边为现场的贫困户加油鼓劲："相信有党的扶贫好政策，加上咱贫困户自己加油努力，一定能早日实现脱贫。"

姜店镇于桥村 46 岁的贫困户刘玉良一只腿有残疾，不能干重活。受益于党的扶贫政策，他被安排在向阳花开公司公益岗位上工作，月月领工资，日子一天天好起来。听着杜立芝从北京带回来的一个个振奋人心的好消息，刘玉良激动地说："党的十九

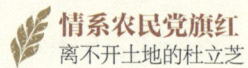

情系农民党旗红
离不开土地的杜立芝

▲ 2017年10月参加中国共产党第十九次全国代表大会

大把一个个扶贫大礼包发给俺们贫困户,让俺的日子越来越有奔头,俺一定好好干,不拖大伙儿的后腿。"

"党的十九大报告提出实施乡村振兴战略,今后将有更多惠农政策、资金、项目源源不断地支持农村发展,咱农民将成为一个体面、有奔头的职业。咱农民生活将越来越好,农村环境越来越美……""党的十九大报告明确指出,保持土地承包关系稳定并长久不变,第二轮土地承包到期后再延长三十年……"在尹集镇尹东村蔬菜大棚基地,杜立芝向大棚户宣讲党的十九大精神,让种棚户们兴奋不已。

"杜局长,俺们这些种棚户非常需要农业技术指导,在这方面国家有啥好政策?"68岁的种植户王同仁问。

杜立芝耐心释疑:"党的十九大提出,培养造就一支懂农业、爱农村、爱农民的'三农'工作队伍。将来会有越来越多的农业科技人员为咱老百姓服务,请大家放心。"

"杜局长,听您这一说,俺就放心啦!俺们种植户吃了定心丸,继续好好撸起袖子加油干,一心奔小康,把日子过得比蜜甜。"这几年,王同仁想起杜局长的这句话,干劲就往上冒。随后高唐县农民朋友身边出现的千百个杜立芝,更是给"王同仁们"增添了信心和力量,种棚户的幸福感都写在了脸上。

情系农民党旗红
离不开土地的杜立芝

▲ 向大棚种植户宣传党的十九大精神

党代会上的六个"最"

回忆起参加党的十八大和十九大的情景,杜立芝至今仍抑制不住内心的激动:"看着路边行人纷纷注目,想到即将到来的历史时刻,我几乎能听到自己的心跳。"

白天听报告、参加讨论、投票选举,晚上写学习笔记,在出席党的十八大和十九大期间,杜立芝从来没有放松过。几天下来,光是心得体会就写了一个笔记本,有3万多字。对大会的每一个细节,每一个难忘瞬间,她都记得清清楚楚。在接受记者采访的过程中,杜立芝用六个"最"概括自己的北京之行。

——最受感动的,是大家的关心和关怀。赴京参加党的十八大和十九大前,市、县各级领导都对自己提出了殷切希望,还有一些农民群众赶到县城为自己送行。

——最自豪的,是走向人民大会堂的那一刻。作为来自基层一线的农技推广人员,能站到党的十八大和十九大的"红地毯"上,

情系农民党旗红
离不开土地的杜立芝

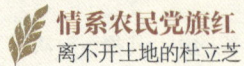

▲ 和农民群众共享丰收的喜悦

是莫大的荣誉和自豪。

——最受鼓舞的，是能在现场聆听报告。当走进人民大会堂，看到金色的党徽和鲜艳的五星红旗交相辉映，沉浸在现场庄重而热烈的氛围中，内心感到无比振奋和自豪。

——最难忘的，是能和中央领导人面对面交流学习报告。特别是习近平总书记重点强调的粮食安全问题，让来自农村基层的代表们难以忘怀。

——印象最深的，是报告中"推动城乡发展一体化"的阐述。短短452个字，对当前农业存在的问题作了科学回答，勾画出了未来农业的美好蓝图。

——最亲切的，是中央领导人的平易近人。

"党的十八大和十九大的'红地毯'，是对我的最大肯定。田野上的'青纱帐'，才是我实现人生价值的最大舞台。"杜立芝动情地说。

▲ 2018年2月5日在琉寺镇郭店村介绍西红柿管理知识

▲ 2018年2月23日在三十里铺镇指导大棚黄瓜种植技术

▲ 2018年3月20日在赵寨子镇张庙村指导大棚芸豆温度管理及水肥管理

2018年3月27日在姜店镇八刘村、柳庄、辛店查看小麦冬前喷施除草剂药害情况

第五章

"一百千"农服扩容，"田秀才"遍布各村

"看着老百姓心急的样子，听到恳切的话，我们还能坐得住吗？老百姓在我们心里分量有多重，我们在老百姓心中就有多重。"

——杜立芝

▲ 2018年4月9日在尹集镇石光吴村指导金针虫防治

▲ 2018年4月16日针对玉米田除草剂残留药害，培训小麦后期管理技术

▲ 2018年4月20日在固河镇付庄村指导小麦纹枯病、全蚀病防治

▲ 2018年4月20日调查小麦药害情况

田间地头走来1000多位"杜立芝"

"杜局长来给咱上农业课,马上开始,听见广播马上到办公室集合!"杜立芝来到辖区姜店镇彭寺村,给村民传授小麦种植知识。喇叭一响,全员到岗!杜立芝党代表工作室村级工作站的人员听见村支书大喇叭里的广播,不一会儿,大家就聚集在了村支部的课堂上。

年轻人大多外出打工,村里种地的大多是些中老年人,村民们收入有限,也就指望地里的粮食,可是有的村民就因为管理不善,小麦长势并不好,这可愁坏了他们。搁在以往,即使杜立芝忙得团团转,也顾不上全县600多个村的麦田。现在好了,这个问题,被杜立芝党代表工作室县镇村三级网络化解了。

2018年,高唐县成立了杜立芝党代表工作室,以党的十八大和十九大代表杜立芝命名,从一个人、一间工作室到一支百人技术团队,再到今天覆盖全县所有村庄的千余名"田秀才","一百千"

▲ 2018年4月23日在梁村镇东屯村指导小麦全蚀病、纹枯病防治

▲ 2018年4月24日查看小麦不抽穗情况

▲ 2018年4月28日在梁村镇赵楼村检查小麦病害

"一百千"农服扩容，"田秀才"遍布各村

农技服务工程成为高唐县委以党建引领乡村振兴的新载体。县里逐步完善"一百千"县镇村三级服务网络，将服务触角延伸到百姓身边、田间地头，实现了为民服务的"零距离"。工作室以各级党代会代表为主，在县直农口各部门选调1~2人不同专业的技术人员共30余人组成县级工作室，镇街选拔的3~5名技术人员组建镇街党代表工作站。目前，全县共建有镇街工作站12个。在每个大村或几个小村联合选取科技示范户或新型职业农民1~2人，建设村级工作站点，服务于本村和周边村。村级工作站点746个，全县1000余名杜立芝党代表工作室成员活跃在基层一线，传播农业技术，收集民情民意，可谓是打通了农技服务的"最后一公里"，成为助力乡村振兴的强大科技力量。

高唐县将"杜立芝党代表工作室"定位为"一站式"农业人才培养、农业科技服务平台，带动乡村农业人才培育，再将培育出的乡村农业人才，撒向田间地头，成为广大农村群众提供技术服务的"大管家"。

据杜立芝介绍，县、镇（街）、村三级服务网络能够使工作室的服务更及时、覆盖面更广、受益群众更多，并且村级联络员多数为"两代表一委员"，提升了村级"两代表一委员"为民服务的能力。这项工作的意义在于不让老百姓跑腿儿、少跑腿儿。

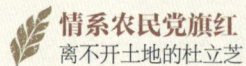

情系农民党旗红
离不开土地的杜立芝

▲ 2018年4月28日在梁村镇赵楼村进行鸭棚改种平菇、小麦病害技术指导及培训

"一百千"农服扩容，"田秀才"遍布各村

老百姓遇到难题知道找谁。这是一个服务平台，一个宣传平台，工作室把生产中出现的问题及时传播出去，避免老百姓再出现类似问题，做到提前预防，这个意义更大。同时，通过这个平台，还能培训每村一名科技带头人，培训服务本村的"土"专家。这些"土"专家们扎根在农村，逐家逐户深入田间地头为群众传科技、解难题，为群众提供"一对一""点对点"的农业技术服务，真正让"杜立芝党代表工作室"成为党与群众的"连心桥"。

高唐县姜店镇王楼村年轻农民王勇峰就是"工作室"培养出来的一名"土专家"，他利用学习到的大棚彩椒种植技术，建起30个高标准大棚，每年纯收入100万元，同时还带动指导同村80户乡亲建大棚、种彩椒300亩，每户年纯收入达10万元。固河镇巩庄村村民霍元德是工作室挂了号的"田秀才"，自己承包300多亩土地种植栝楼、天南星、丹参等中药材，每年纯收入40余万元，还带动200多户农户种植中药材3000亩，每户每年增收近3万元。

为满足更多农民群众的需求，杜立芝党代表工作室敞开大门，欢迎有能力的志愿者加入，一些科级干部也加入了其中。王洪峰就是一名志愿者，仅半年时间，他已入村到户服务菜农80余次。

为了提升创新服务方式，杜立芝及团队通过乡镇、村，在田

情系农民党旗红
离不开土地的杜立芝

▲ 2018年4月28日在尹集镇武花园村防治小麦麦蜘蛛虫害

▲ 2018年5月8日在琉寺镇董庄村指导小麦根腐病、纹枯病防治

▲ 2018年5月18日在杨屯镇周小庄村处理小麦无籽粒问题

▲ 2018年6月4日在杨屯镇南刘桥村处理土豆不结薯块问题

"一百千"农服扩容，"田秀才"遍布各村

间地头开展面对面、手把手零距离集中培训、赶科技大集等方式提升服务效果。通过县电视台新闻直播、党建频道的专家播报栏目、县电台的空中讲座、杜立芝热线等形式，打造空中课堂，培训大量农民群众。通过高唐农业信息网、病虫情报、科技宣传册、科技明白纸、挂历、挂图等开展网络、书面培训，让农民通过多种形式学习农技知识，助力全县农业生产，并将工作室的主题实践活动与农业生产大县生产活动相结合，与小麦、玉米、花生等高产创建、新型农业经营体制创新相结合，与基层农技推广补助项目示范县、基层条件能力建设、阳光工程培训、新型农民培训等项目相结合，与小麦、玉米、花生农业新成果推广、新技术试验示范活动相结合，增强科技服务的针对性和有效性。

杜立芝提出技术服务应坚持集中与经常相结合，带领团队农技人员，针对春耕备播、夏收夏种、秋冬播植物病虫害防控、抗灾减灾等关键农时季节、重要环节，组织专家、技术人员集中开展科技服务活动，帮助农民解决急需的技术问题。结合农业生产的需要，工作室开展经常性科技咨询、宣传活动，帮助农民提升种养技能。并根据当前农事农时，结合主题活动，组织一些送科技下乡、科技赶集、送农资下乡等方面的标志性、示范性的活动，把种子、化肥、农药等优质农用物资及最新农业技术送到乡村，

▲ 2018年6月27日在尹集镇北李村指导栝楼生产

▲ 2018年6月29日在辛兴店村开展棉花雹灾后管理培训

▲ 2018年8月7日调查高唐紫茄种质资源

▲ 2018年8月9日茄子不坐果原因分析及处理

掀起了全县科技服务活动的热潮。同时，工作室还组织针对性强的科技服务活动，探索科技进村入户的新途径。

初夏的一天，"田秀才"课堂上，杜立芝传授得仔细，农村网点人员听得认真，大家问了不少问题，也记下了很多农技知识点。给网点人员讲完课，杜立芝又跟随一名"田秀才"来到麦地里进行实地指导。

"你们就在老百姓身边，对老百姓的地也很熟悉。如果你们不好诊断的，就给我打电话，我就随着下来。你们不用去县城，也不要让村民跑腿，他们很多人年纪大了，出门不方便。"杜立芝说。

"过去进城进行农业技术咨询，经常不知道该进哪个门，现在可好啦，进了城俺就知道去哪里。不出村也天天有专家帮俺解决农技难题，特别方便！"现场咨询的高唐县尹集镇农民李海强的话道出了群众的共同心声。

为更好地服务群众，100名技术人员轮流值班，专人接听，随时记录，及时解答，方便农村群众随时随地咨询农业生产问题。同时，建立热线电话转接漏接排查制度，对于非工作时间内群众来电，及时转接到杜立芝及"农业技术专家骨干"团队手机电话，并坚持每天记录排查没有接通的群众来电，全部及时答复，确保"杜立芝热线"实现"7×24小时""全天候不间断"服务群众。

▲ 2018年8月15日指导玉米棉花倒伏后期管理

▲ 2018年9月27日指导大棚蔬菜种植

"一百千"农服扩容,"田秀才"遍布各村

为服务群众"更近一步",依托"杜立芝党代表工作室"三级网络,高唐县将全县农村划分为589个网格,吸收"杜立芝党代表工作站(点)"农业服务人员、镇街种植、养殖能手和热心公益户成立网格员队伍,现活跃在农村一线的网格员已达到1005名。建立村级农业生产问题网格员分析收集报送机制,1005名网格员定期对所在村及周边村的种植养殖情况进行巡查分析,将发现的苗头性、倾向性问题及时收集报送到网格员微信群,由县农业科技服务团队集体分析研判,做到了问题早发现、快搜集、速处理,实现农业科技服务文明实践,"想在群众前面""做到群众心里"。同时,为提升网格员业务本领,建立了网格员队伍培训轮训制度,先后组织网格员赴南京农业大学等高校进行能力提升培训2次,邀请山农大、农科院等专家教授来高唐现场培训8次,确保网格员"有真本领""起大作用"。

围绕群众对农时节令、气候变化等不同条件农业服务需求,组织杜立芝党代表工作室农业科技专家,重点开展农作物蔬菜种植技术、畜牧水产养殖技术等"专家课堂",现已在高唐县电视台录制播出300余期,及时给群众传授农业技术管理措施。为方便群众学习,还将"专家课堂"制作成短视频,通过"高唐党建微平台"、镇村农业技术实践网络等渠道及时发送给群众。

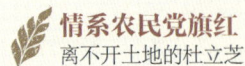

▲ 田间及大棚内种植技术指导

"一百千"农服扩容,"田秀才"遍布各村

  田间走来1000多位"杜立芝",农技服务志愿者们的热情温暖着高唐农民。"杜立芝们"始终瞄准群众反映强烈、事关切身利益的实际问题,创新工作理念和工作方式,走进"田间地头"开展个性化、精准化服务。服务团队坚持因人制宜、因村制宜、因实际问题制宜,分门别类制定服务措施,通过"面对面传""手把手教",开展农田、蔬菜大棚、养殖场区现场指导,让群众亲身体验、准确掌握农业科技知识,提升农业抗灾救灾能力,实地解决农业生产难题。

情系农民党旗红
离不开土地的杜立芝

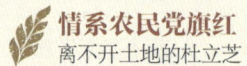

▲ 田间技术指导

为团队树标杆，做农民智囊团

一个榜样带动，一个平台搭建，让群众身边有了惠农服务的"365天代表团"。作为工作室的首席专家，杜立芝带头下基层，在送"技"入户的同时，为团队成员"手把手"传技术、讲经验，快速带起了一支惠农好队伍。队伍的服务范围涵盖农村蔬菜、粮棉、林果、畜牧、水产等各个领域，定期召开工作例会，群策群力、集体研究解决群众咨询的技术难题，改变了以往单个技术人员能力有限、技术单一、服务不全的状况，有效实现对接群众农业生产更精准、更专业，为群众服务更全面、更及时。

2019年以来，"杜立芝党代表工作站"按照"党旗红、产业兴"的定位，设立了农民夜校，邀请农业专家、本地技术能人为群众传授技术，已累计培训农民600余人次，培养了一批爱农业、懂技术、善经营的新型职业农民，作为"农村智囊团"成员分布在群众身边。他们借助先进的农业技术和信息技术与"杜立芝党

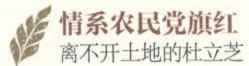

情系农民党旗红
离不开土地的杜立芝

▲ 田间及棚内种植技术指导

代表工作室专家服务团"联动互动,让服务的触角延伸到田间地头,实现了服务群众"零距离",真正做到了"小问题不出村、大问题专家集中解决"。

在一线服务乡村振兴的实践中,杜立芝农技服务团队注重"授人以鱼"和"授人以渔"的结合,在基层一线创新推广了"玉米花生宽幅间作""棉花花生间作""葡萄限根避雨"栽培等高效生态种植技术,既调整了农业产业结构,又促进了农民增收致富。健全的县乡村三级服务网络,共同组成实力强大的"高唐农民智囊团",既解决了高唐30余万农民的技术需求,也在农技推广实战中壮大了队伍。

目前,全县农业优良品种率提高到98%以上,推广测土配方施肥面积110万亩,绿色防控技术70万亩,水肥一体化技术应用2万亩。针对全县农村8000多亩闲置宅基地的实际,服务团队联合镇街、村居探索利用土地资源发展集体经济的有效途径,建立推广了"村集体+农户+第三方"的发展模式,为农民发展致富、集体经济增收探索了新路。

2020年元旦过后,高唐县气象台发布了低温寒潮预警,为积极应对这次低温天气,杜立芝给团队成员召开紧急会议,安排部署这次寒潮天气应对工作。会上,团队负责人杜立芝、团队成员李艳

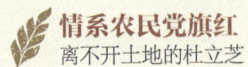

▲ 查看作物生长及田间技术指导

梅、王顺廷、管新彬分别从大棚蔬菜、果树、池塘鱼类、畜禽养殖几个方面给大家讲解了应对低温天气防冻措施，并在县、镇、村三级服务网络群微信内进行转发。团队成员在杜立芝的带领下冒着零下18℃的严寒第一时间深入田间地头、大棚内查看农户应对低温天气采取措施情况，最大限度地保证了老百姓的农业生产安全。

在2020年新冠肺炎疫情防控的特殊时期，同时也是春耕备播的关键节点，杜立芝带头履职尽责，率先垂范，主动向县委组织部门申请成立杜立芝党代表工作室临时党支部，组建战疫情保春耕应急党员科技服务团队。63名科技服务人员主动请缨，在"请战书"上按下鲜红的手印，志愿参加"战疫情保春耕"党员科技服务团队，冲锋在春耕备播第一线，向疫情下的春耕生产"亮剑"，誓为春耕生产筑起坚强的战斗堡垒，决胜高唐"春耕保卫战"，守护好百姓的"米袋子""菜篮子"。从大年初二，疫情最严峻的时候开始，杜立芝便带领这支队伍，巧用空中课堂，开启了"线上"服务春耕新模式。利用热线电话为群众解决生产难题1000多个，视频诊断解疑答惑200多个，录制播出专题栏目《专家播报》18期，微信发送春耕技术指导资料、视频5000多条次。

春耕全面开始后，在做好自身防疫的同时，杜立芝带领大家全部下沉到春耕第一线，"单个击破"难题。为了避免人群聚集，

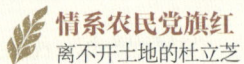

▲ 田间及棚内种植技术指导

"一百千"农服扩容，"田秀才"遍布各村

杜立芝与团队开展"一对一"现场技术讲解和指导，积极引导广大农民朋友错时段、错地块开展春耕备播，科学指导百姓防疫夺粮，帮扶重点农业龙头企业复工生产。杜立芝和科技服务团队的成员分组行动，每天早上八点半准时出发，晚上归来已是万家灯火。2020年疫情期间，团队开展现场技术指导和服务500余次，现场解决技术难题2000多个次，发放《新型冠状病毒感染的肺炎疫情防控农业安全生产倡议书》1000余张，确保了高唐县春耕生产的顺利开展。

打铁还需自身硬，杜立芝工作室的每个科技人员都要结合农业项目建设、科研示范以及当地资源条件等情况，选择新品种、新技术、新模式到驻点乡村开展对接活动，突出成果转化落地。适时邀请科研单位、企业、大专院校的科研专家、推广专家把最新成果送到基层示范试验。

高唐县还从抓培训、强技术、规范队伍建设入手，确保实现团队的可持续发展。"我们根据团队成员存在的技术短板和能力需求，年初制定'请进来、走出去'培训计划，学习前沿农业技术，开拓工作思路，提高服务本领。"杜立芝说，团队每月初召开一次工作例会，总结上月工作，梳理技术难题，安排近期任务。在加强业务同时，团队注重政治引领，使成员都成为"红色技术员"。

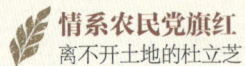

▲ 田间及棚内种植技术指导

姜店镇的张彩云就是镇街杜立芝党代表工作站的一员，她也有一条镇上的农技热线——"7133371"，一个看似普通的电话号码，已成为高唐县姜店镇广大种植户心中的"解困热线"。

接线员就是张彩云。张彩云是姜店镇农技站站长，以她的名字命名的彩云热线，作为一部农技服务热线，自2019年开通以来，直通田间地头，始终围绕群众"田里事"解疑答惑。

40岁出头的张彩云自农校毕业后，一直没有从事农技方面的工作，她经常自嘲"学的知识全都还给了学校"。2018年初，姜店镇党委、镇政府经过遴选，决定让张彩云担任农技站站长一职，开展农技服务，为广大种植户增收致富提供技术支撑。"我接到镇上通知时，正在医院照顾病重的父亲。"张彩云回忆，当时她压力特别大，曾多次躲在医院角落里，自问"能否胜任"。

"既然镇党委、镇政府信任我，那我责无旁贷，一定好好干。这里曾是杜立芝站长工作的岗位，我要多向杜站长请教。"重新梳理思绪后，张彩云将仍在住院的父亲托付给弟弟照顾，正在上学的女儿则让孩子的姑姑代为照看，然后返回单位，挑起了在她心中有"千斤重"的农技服务重担。

她挤时间啃书本、看视频，经过一段时间的"充电"，张彩云自认为已经能够应付种植户的农技咨询。可是，在姜店镇王寨

▲ 2019年1月28日在杨屯镇杨西村解决大棚西红柿花芽分化不好的问题

▲ 2019年3月28日在清平镇石庄村指导小麦冻害防治

▲ 2019年3月28日解决农户烧苗问题

村的一次田间问诊中,张彩云却被一下"打回原形"。小麦种植户秦善海的 7 亩麦田出现大面积死苗,张彩云却始终找不出病因。"你们就是搞这个的,怎么也找不出原因?"心急如焚的秦善海随口甩出的一句话,深深刺痛了张彩云的心。此时,她才意识到,自己的能力和群众的技术需求相差甚远。

被"问倒"的张彩云才发现杜立芝局长能做到问不倒,背后付出了多少的艰辛。她和杜立芝约好,那段时间,杜立芝去哪里指导,她就跟着去哪里,杜立芝手把手地现场教。张彩云还自费购买了大量农业书籍,短短一个月就写满了好几本心得笔记。后来,姜店镇的种植户们慢慢发现张彩云也"问不倒"了,她给出的小妙招,总能解决农作物病虫害难题。

新冠肺炎疫情期间,张彩云还根据农户遇到的较为普遍的种植难题,制作视频,通过网络播放,解决了无法实地问诊的问题。2021 年,张彩云被评为高唐县抗击疫情"最美志愿者"。

2019年4月1日防治金针虫害

2019年4月4日在赵寨子镇张庙村防治大棚蚜虫

2019年4月10日防治大棚蔬菜青枯病

2019年4月10日查看小麦冻害情况

一场小麦传染病，
见证不简单的"虎口夺粮"

2020年6月10日，收割机在高唐县杨屯镇小屯村村民云全财的5亩麦田来回作业，成片的麦子被齐刷刷地割下，丰收的喜悦挂在云全财的脸上。"要不是有杜立芝团队帮忙，我今年的麦子很可能颗粒无收。"他感慨道。

2020年的那场小麦条锈病防治，见证了杜立芝党代表工作室三级网络的力量。

2020年4月16日，高唐县杨屯镇小屯村村民云全财和往常一般下地干活时发现，小麦叶片上出现了斑斑"黄锈"。云全财是小屯村的科技网格员，他赶忙拿出手机拍照，将现场图片发送到杨屯镇杜立芝党代表工作站微信服务群，他要问问专家这是怎么回事。微信群中的杜立芝科技服务团队成员、高唐县农业农村局植保站站长白兴勇看到照片后，第一时间带队赶到麦田查看情况。

2019年8月14日在固河镇北刘村查看甘蓝药害

2019年8月22日田间考察

田间培训

"一百千"农服扩容,"田秀才"遍布各村

"经过研判,确定为我县首例小麦条锈病。这是国家重点监控病害之一,对粮食安全威胁较大。"白兴勇说,经向县委、县政府及上级主管部门汇报小麦病情,高唐县杜立芝科技服务团队全员请战,决定拿下这个难题。

"小麦条锈病流行速度特别快,成灾威胁大。"杜立芝科技服务团队成员、县农业农村局技术站站长韩临华介绍。经过排查,他们仅在小屯村就发现感染条锈病地块30亩,"如果防治不及时,防控形势将十分严峻"。

警报拉响,防控条锈病扩散成为杜立芝党代表工作室的第一任务。工作室的县、镇、村三级科技服务网络的71名科技服务团队成员,在村民的配合下展开"地毯式"排查。高唐县科技服务团队还组织36名成员分成12个防控技术指导小组,帮包镇(街)开展统防统治、群防群治,指导农民开展条锈病防治。镇街工作站和村级联络点成员则深入田间地头进行病害普查,确保"镇不漏村、村不漏户、户不漏块"。"最紧张的几天,我们早上7点半出发,每天工作10小时,查看麦田1000多亩。"杜立芝科技服务团队成员、梁村镇杜立芝党代表工作站站长韩秀丽说。

经过48天的日夜坚守,高唐县76.3万亩小麦没有增加新发

情系农民党旗红
离不开土地的杜立芝

▲ 在工作室传授农技知识

▲ 查看小麦生长情况

▲ 作物根系疾病原因分析及处理

传染，被省里的专家认定为防控及时、排查严密、处置得当的典型代表。梁村镇洪木家庭农场负责人李洪木说："今年的条锈病来势汹汹，咱能'虎口夺粮'真是不简单啊！"

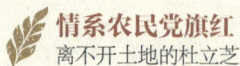
情系农民党旗红
离不开土地的杜立芝

▲ 小麦种植技术指导

▲ 检查大棚菜生长情况

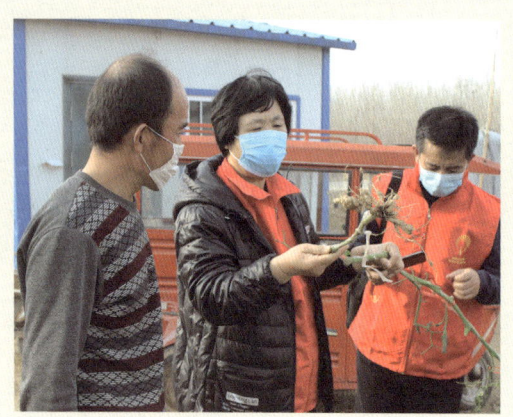
▲ 2020年2月11日指导如何防治西红柿根结线虫

▲ 向前来工作室咨询的农民朋友赠送技术书籍

精心培育地理标志产品

霍磊是固河镇的高唐县铸辉中草药种植专业合作社社长,他种了300亩的栝楼,年亩收入3500元。为打好地理标志产品的品牌,杜立芝给种植户约法三章:增施生物菌肥、微量元素和钾肥,不断改善品质。目前,栝楼在高唐县的固河、琉寺、汇鑫种植面积较大,全县种植面积达到了2000多亩。

栝楼是高唐著名的中药材,具有清热涤痰、宽胸散结、润燥滑肠的功能,可治疗肺热咳嗽、胸痹心痛等症,效果极好。高唐栝楼的年产量和出口量均位于全国之首。地处山东西北部的高唐县固河镇和尹集镇,因气候、土壤等独特的生态条件,是最适宜种植栝楼的地区之一,栽培历史悠久,造就了"高唐栝楼"优良的品质。2014年,高唐栝楼被农业部命名为地理标志产品。

地理标志产品的形成,既离不开自然因素,也离不开人为培育的努力。

情系农民党旗红
离不开土地的杜立芝

▲ 高唐栝楼

"一百千"农服扩容,"田秀才"遍布各村

杜立芝团队针对高唐栝楼的生长发育特点,通过不断的试验和实践,总结出了一套行之有效的栽培管理技术,并制定了"高唐栝楼质量管理措施""高唐栝楼标准化生产技术操作规程",一一下发到基地农户手中,还举办了基地农户培训班,培训农民技术人员600多人,重点培训了农产品地理标志知识、绿色食品知识、"高唐栝楼标准化生产技术操作规程"等,还聘请聊城大学农学院的教授给种植户授课。

正是基于得天独厚的自然优势和严格的选育管理程序,高唐栝楼才得以跻身国家地理标准产品系列。农业部明确规定:高唐栝楼所在的保护范围内的所有种植者,在销售和运输包装物应注明"高唐栝楼"地理标志及其图案、产品名称、产品的标准编号、商标、生产单位名称、详细地址、等级、规格、净含量和包装日期,并注明检查人员姓名或代号,标志上的字迹应清晰、完整、准确。不符合本标志的产品,其产品名称不得使用含有"高唐栝楼"(包括连续或断开)的名称。

如今,高唐栝楼种植面积稳定在2000亩以上,年产900多吨,每年10月下旬采摘,鲜果价格一般在每千克3.2元以上,亩产值3600多元,是高唐县栝楼主产区农民重要的经济来源之一,已经成为高唐县农民致富的重要产业。

▲ 2020年8月10日在梁村镇指导棉田青枯防治技术

▲ 2020年6月在梁村镇田寨村处理玉米死苗问题

▲ 蔬菜种植技术指导

▲ 田间检查

探索生态高效种植的高唐模式

近两年,高唐县清平镇的农民把玉米田种成了高效田,"一亩变成两亩田,亩均增收两千元"。玉米田亩均纯收入达到了3300元,与传统玉米种植模式相比,每亩增收2000多元。村集体通过村级资产入社,协调土地流转和劳务用工,能分到两成的分红。清平镇东大新村通过党支部领办合作社推广"玉米-花生""玉米-大豆"间作种植模式,2021年,村集体实现增收20多万元。这个数字,是高唐县委、县政府农业社会化服务工作成效的缩影,是大力推广"玉米-花生""玉米-大豆"间作套种种植模式的可喜成果。

2018年6月,习近平总书记在山东考察时指出:"要把粮食生产抓紧抓好,把农业结构调活调优,把农民增收夯实夯牢,把脱贫攻坚战打好打赢,扎实实施乡村振兴战略,打造乡村振兴的齐鲁样板。"

▲ 2020年梁村镇茶棚无花果丰收

▲ 2020年8月19日处理玉米雌穗不发育问题

▲ 2020年8月三十里铺镇五寨村冬瓜大丰收

▲ 2020年11月荣获"全国先进工作者"荣誉称号

"一百千"农服扩容,"田秀才"遍布各村

传统的"小麦－玉米"种植模式,存在粮油争地、人畜争粮、种植与养地不协调等突出问题,不利于保障粮食安全和促进农民增收。为了解决这个问题,近年来,高唐县着眼于保障粮食安全和农业转型升级,坚持以党建为引领,通过村集体的居间服务,在尊重小农户经营权的基础上,把分散的土地集中起来,实现农业托管服务。坚持"试验先行、示范带动、高效运营",发挥杜立芝党代表工作室在转化农业科技创新成果方面的作用,发挥农业生产合作社的社会组织功能,推出了"玉米－花生""玉米－大豆"间作套种种植模式。这种模式不仅实现了粮油作物均衡增产,还通过发挥复合种植模式,充分利用光热资源和改善土壤生态环境的自然功能,实现了经济效益和生态效益"双赢",推动了农业规模化经营、产业化运作,实现村集体和农户"双增收"。

在这种生态高效农业科技成果的推广过程中,高唐县充分发挥"杜立芝党代表工作室"品牌效应,通过"看得见、听得到、会操作"的推广路径,推动科技成果尽快转化为实实在在的经济效益和生态效益;依托绿色高质高效创建项目,在梁村镇、清平镇建立4个示范方,集中展示"玉米－花生"间作集成技术,展现种植效果;先后组织家庭农场、合作社、种植大户现场观摩10余次,引导新型经营主体应用新技术。与此同时,杜立芝科技服

▲ 2020年9月8日在姜店镇王楼村处理大棚西红柿死苗问题

▲ 检查黄瓜长势

▲ 田间技术指导

务团队还分包了"玉米－花生""玉米－大豆"间作种植基地,一对一帮扶、点对点指导,累计培训新型经营主体、新型职业农民和技术骨干5000多人次,有效保障了科研成果快速转化和大面积"落地生根"。全县"玉米－花生"间作技术应用面积已达2万余亩,"玉米－大豆"间作套种面积1.8万余亩。"玉米－花生"间作套种种植模式获得山东省农牧渔业丰收奖,被列入国家重点研发计划课题。

2022年7月15日,全国农服进万家系列活动在高唐举行。高唐县探索的"玉米－大豆"间作套种模式及社会化服务机制得到了农业农村部的认可。

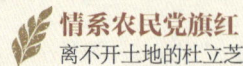
情系农民党旗红
离不开土地的杜立芝

▲ 大棚蔬菜技术指导与田间作物检查

走进工作室,感受不变的初心

2020年3月份,姜店镇换后村村支部书记杨书记打热线电话说村里有好几户村民的麦子变黄不长。接到电话后,杜立芝带领团队成员马上赶到换后村变黄的麦田,当时相邻村的换前、王寨村的老百姓也赶到了现场,杜立芝现场把麦苗变黄的原因以及解决方法给老百姓进行了现场培训,老百姓明白了变黄麦田的管理技术。但在这时,有几个村民提建议:"杜局长,您能不能给俺这几个村解决一下浇地难的问题。俺这几个村有近2000亩耕地,浇地实在不方便。"

大家都知道春挣日、夏挣时,浇地难不但会造成减产,老百姓浇地时临时架电也非常不安全。了解此事后,杜立芝马上起草了一份《关于姜店镇2000亩土地浇水用电难》的提议交到了县委党代表联络中心。县委组织部的负责同志看到提议后非常重视,马上召开县农业农村局党组会议,专题研究解决办法。正好高标

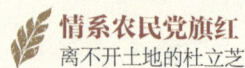

▲ 田间作物种植技术培训

"一百千"农服扩容,"田秀才"遍布各村

准农田建设项目在姜店镇实施,并且正在编制项目实施方案,于是把换前、换后、王寨三个村划入了项目区,计划为三个村安装100千伏安变压器一台套,新打机井8眼并配套,并且把原有的机井都通上电,还对原有生产路进行硬化,总投资100多万元。项目建成后,老百姓插卡后便可浇地,真正解决了老百姓浇地用电难的问题。

2020年7月上旬,三十里铺镇伍寨村村支部于书记反应村里种的15亩的黑皮冬瓜中下部叶子变黄,很严重,冬瓜生长慢,4户农民非常着急。杜立芝带着农技人员马上赶到王寨村瓜地查看原因,经仪器现场检测,是由于土壤盐分过高造成烧根引起上部叶子变黄,盐分高的原因一个是施化肥过多,别一个原因是地下水含盐量过高。根据这种情况,杜立芝立即让瓜农一是浇施生物菌肥,二是多喷叶面肥(尿素和磷酸二氢钾),三是把底叶杈子向上吊蔓见光,四是浇盐分低的水。通过这四项措施管理,黑皮冬瓜恢复了生长,每个冬瓜还多长了10多斤,每亩增收8000多斤。按每公斤0.84元计,每亩便增收3200多元,15亩地总计增收4.8万元。当年黑皮冬瓜平均亩产1.04万公斤,每亩便收入8736元,这样的收入也给其他村民起到了示范带动作用,坚定了他们也要种植黑皮冬瓜的信心,为实现该村黑皮冬瓜规模化发展

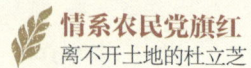
情系农民党旗红
离不开土地的杜立芝

▲ 杜立芝党代表工作室

起到了积极推动作用。

"团队的建立,带动了县直部门农业科技人才由'浮在上'转为'沉到底',扎根农村发挥专长,改变了以往单个技术人员精力有限、技术单一、服务不全的状况,让科技人才服务群众变得更全面、更及时、更到位。"杜立芝说。

杜立芝党代表工作室坐落于高唐县城中心位置,在时风科技楼西侧,绿色玻璃幕墙上下两边突出两块红色装饰板,装饰板以飘扬的党旗塑形,下面板面上突出一行字:杜立芝党代表工作室。上面板面中心是赫然醒目的镰刀锤头图案,两侧六个字:守初心、担使命。

走进工作室,每一面墙都是一个板块展示区。工作室分为党的光辉历程、农民的女儿、百姓的团队、党员的先锋、热线值班室、现场咨询室、检验检测室、社情民意接待室、农业科普展示室、图书阅览室、培训室、档案室等板块。

工作室现已成为农作物的专家会诊平台、联系服务群众的平台、党性教育的平台、新时代文明实践基地、"不忘初心、牢记使命"教育基地,先后被评为山东省抗击台风抢险救灾先进集体、高唐县党建引领示范团队。

农业科技服务团队成员把党的声音和技术"播下去"的同时,

情系农民党旗红
离不开土地的杜立芝

▲ 2021年1月在惠邱蔬菜种植专业合作社处理大棚西葫芦结果偏少问题

▲ 检测土壤

▲ 2021年2月在梁村镇李化梓村检查小麦墒情

▲ 田间技术指导

"一百千"农服扩容,"田秀才"遍布各村

将群众的心声"收上来",成为"红色技术员""百姓暖心人",形成了"党建引领、技术指导、纠纷化解、民意收集"的服务模式,实现了党声民意直通和农技服务全覆盖,打通了联系服务群众"最后一公里",解决了乡村振兴人才瓶颈和农技需求短板。

2022年5月初,清平镇皮庄村的宋登忠将干枯的黏玉米拔掉,补种上了大葱。宋登忠年初种了40亩春季黏玉米,为了除草,他从一家农药超市来除草剂,结果却造成黏玉米中药害出现大面积干枯。他找经销商索赔,但双方出现了严重分歧。焦急中的宋登忠便想到了杜立芝,并来到她的工作室诉说原委。杜立芝到大田看完现场,摸清了情况以后,便确定了调解思路:施用除草剂导致黏玉米受损事实清楚,但是农户也存在除草剂施用不当的情况,农户在黏玉米仅有2~3个叶的敏感期施药,且当时气温偏低,便很容易导致黏玉米受到药害。以维护弱者利益为原则,杜立芝考虑到当季作物的收获已损失过半,按照黏玉米市场价每亩收入3200元计算,一半的损失为6.4万元,但因宋登忠有用药失当责任,因此将农药超市的赔偿金额定为5万元,同时指导宋登忠补种大葱,还可以挽回一些损失。宋登忠对赔偿金额表示认可,农资经销商也表示接受,至此,杜立芝将一件无解的施药纠纷顺利调解了。

近年来,杜立芝还善于用好新型传播手段,做好急需农技快

情系农民党旗红
离不开土地的杜立芝

▲ 接待来访的农民朋友，解决种植问题

▲ 深入浅出普及种植技术

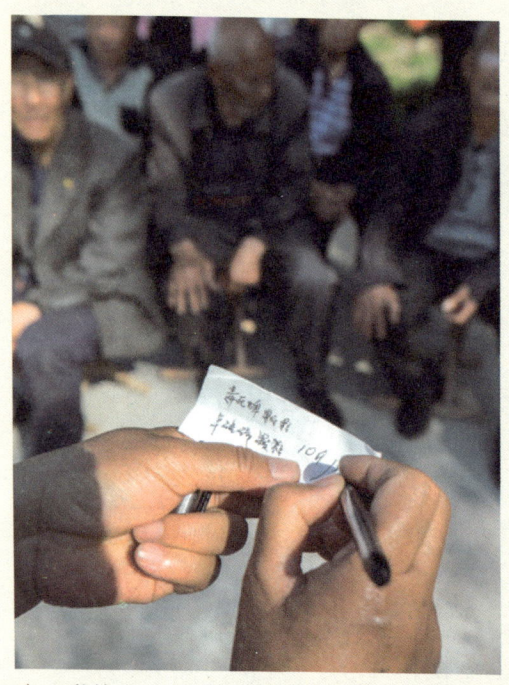
▲ 种植户在培训现场记录的小妙招

▲ 查看梁村镇西张村小西红柿生长情况

捷覆盖。党代表工作室建立了微信咨询群、在电视台录制专家播报等方式为群众解决技术难题。如今已经录制播出专家播报300余期，解决群众技术难题2万余个，推广各项农业新技术60多项次，引进作物新品种40多个，开展农业科技重大成果创新2项，指导农业基地生产10万亩，挽回经济损失2000万元，增加经济效益4000多万元。

另外，杜立芝党代表工作室还开展了各级党代表驻室活动，每月10日、20日，驻室代表在杜立芝党代表工作室接待群众，进一步拓展了服务范围。这些来自各条战线的党代表宣传党的方针政策，接受百姓询问，搭建联系沟通平台，发挥代表桥梁纽带作用。他们不仅在田间地头随时听取群众的意见建议，按程序收集办理，同时还联系脱贫户，用先进及时的农技服务防止返贫。党代表们充分发挥自己的专业特长，在各领域尽心尽力为群众服务。

2020年4月份，赵寨子镇张庙村大棚户董传信种了两个占地4亩的冬暖大棚（黄瓜棚和西红柿棚）。由于新冠肺炎疫情，他种的蔬菜卖不出去，老两口愁坏了。杜立芝农技团队成员韩全文在指导大棚技术时了解到这一情况，便在大棚内做直播，同时联系了多家超市，给董传信解决了卖菜难的问题，两个棚早春茬

▲ 2022年1月在固河镇南闫村指导西红柿种植

▲ 全国农服进万家系列活动现场,杜立芝介绍"玉米-大豆"间作模式除草剂的应用情况

黄瓜卖了7.4万元。董传信感动地说:"多亏了党代表工作室帮我解决了这个难题。"

为了帮助种植户更好地销售农产品,2020年8月份,在杜立芝的号召下,组建了"杜立芝工作室爱心助产品团购群"。梁村镇小李楼李洪木的玉米、二十里铺村刘洪的地瓜、琉寺镇王长印的玉米、姜店镇西白村牛士新的白芯哈密地瓜、三十里铺镇郭庄村的梨、汇鑫街道十五里铺的精品大葱、清平镇的核桃、姜店镇十里铺的草莓、尹集镇唐洼村肖和才的韭菜、汇鑫街道十里铺的紫色萝卜等诸多品质高的农产品通过团购群销往千家万户的餐桌。截至目前,杜立芝帮农户爱心公益助农销售农产品3万余斤,杜立芝说:"帮农户销售农产品,不仅可以让消费者得到真正的实惠,最主要的是可以帮助农户销售农产品,减轻销售的压力,增加收入。"

杜立芝党代表工作室还承担起了新时代文明实践基地志愿服务队的职责,他们通过热线连接起老百姓的喜怒哀乐。团队成员在杜立芝的感召下像蒲公英种子一样撒向四面八方,走进田间地头、蔬菜大棚,不惧风霜雪雨、酷暑严寒,他们跟随着杜立芝的脚步,上门诊断,跟踪服务,带动越来越多的种植户发家致富。

通过杜立芝党代表工作室的带动,全县涌现出越来越多的党

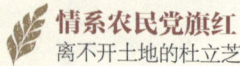
情系农民党旗红
离不开土地的杜立芝

▲ 杜立芝科技服务团队

员先锋，以实际行动服务群众，打造形成了助推高质量发展的"三支队伍"，一支农业科技服务队伍，为蔬菜、粮棉、林果种植及畜牧水产养殖等提供技术服务，助力乡村振兴；一支扎根基层、为民服务的基层干部队伍，切实为老百姓办实事，服务于广大农村群众；一支"不忘初心、牢记使命"的党员领导干部队伍，践行群众路线，按照县委"品质民生保障攻坚突破"的要求，办好群众急难愁盼的大事小情，永葆共产党员为人民服务的本色。

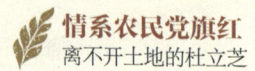

写在后面

笔者开始从事新闻工作的时候就跟踪采访杜立芝,写了20多年,她的故事常写常新,总也写不完。现在,杜立芝的故事已经不局限于田间地头了,早已融入百姓的生活。她的故事,与时代精神同步,演绎着新征程上的"三牛"精神;她,与全国农业战线的所有奋斗者一起,积极响应党中央的伟大号召。

"我奋斗·家国美"!
杜立芝一心扑在田间地头的故事

"全国妇联女性之声"强国号
"新时代女性风采"